Weniger Fehler  in der Klassenarbeit

Mathematik
Gleichungen 7-9

Schroedel

Weniger Fehler  in der Klassenarbeit

Mathematik Gleichungen 7–9

Autor:

Gotthard Jost unterrichtet Mathematik und Biologie in den Sekundar-
stufen I und II an einer Gesamtschule. Neben seiner schulischen
Unterrichtstätigkeit verfügt er über langjährige Erfahrung als Nachhilfe-
lehrer und weiß, welche Schwierigkeiten im Mathematikunterricht
auftreten können.

© 2017 Bildungshaus Schulbuchverlage
Westermann Schroedel Diesterweg Schöningh Winklers GmbH, Braunschweig
www.schroedel.de

Druck [1] / Jahr 2017

Redaktion: imprint, Zusmarshausen
Kontakt: lernhilfen@schroedel.de
Umschlaggestaltung: Janssen Kahlert Design & Kommunikation GmbH, Hannover
Umschlagfoto: Duc John Nguyen
Innenlayout: tiff.any GmbH, Berlin
Illustrationen: Hans-Jürgen Feldhaus, Münster
Druck und Bindung: westermann druck GmbH, Braunschweig

ISBN 978-3-507-**23096**-5

Inhaltsverzeichnis

Vorwort.. 4

Das kann ich!

(1) Auf die richtige Äquivalenzumformung achten
Addition und Subtraktion richtig anwenden .... 5 .... ○
Fehlerfrei multiplizieren und dividieren...................... 9 .... ○

(2) Gleichungen mit Klammern fehlerfrei lösen
Wie man Klammern auflösen kann .... 13 .... ○
Klammern richtig miteinander multiplizieren .... 18 .... ○

(3) Keine Angst vor Brüchen!
Wie man Brüche addiert und subtrahiert.................. 23 .... ○
Brüche fehlerfrei multiplizieren und dividieren .... 27 .... ○
Wie aus Brüchen Bruchterme werden .... 31 .... ○
Bruchgleichungen systematisch lösen...................... 36 .... ○

(4) Textgleichungen richtig lösen .... 40 .... ○

(5) Gleichungen mit Formvariablen lösen .... 44 .... ○

(6) Lösungsmöglichkeiten für Gleichungssysteme
Mit Stift und Geodreieck:
Die zeichnerische Lösung .... 48 .... ○
Einsetzungs- und Gleichsetzungsverfahren
richtig anwenden .... 52 .... ○
Aus zwei mach eins: Das Additionsverfahren .... 56 .... ○
Anwendungsaufgaben geschickt lösen..................... 60 .... ○

(7) Keine Angst vor Potenzen und Wurzeln!
Quadratische Gleichungen:
Eine, keine oder zwei Lösungen............................... 64 .... ○
Gleichungen höheren Grades .... 70 .... ○
Wurzelgleichungen:
Nicht jede richtige Lösung stimmt .... 74 .... ○

(8) Größer oder kleiner? Ungleichungen lösen ..78 .... ○

(9) Exponentialgleichungen .... 82 .... ○

Lösungen 86

Vorwort

Liebe Schülerin, lieber Schüler,

du möchtest weniger Fehler machen und deine Noten verbessern? Dann ist **Weniger Fehler in der Klassenarbeit** genau das Richtige für dich! **Weniger Fehler in der Klassenarbeit** hilft dir, typische Fehler zu vermeiden und so deine Leistungen zu steigern.

Zu jedem wichtigen Thema gibt es ein Kapitel. Jedes Kapitel beginnt mit einem Auszug aus einer Klassenarbeit. Hier siehst du, welche Fehler häufig gemacht werden. Sind in deiner Klassenarbeit ähnliche Fehler angestrichen? Dann solltest du dieses Kapitel auf jeden Fall bearbeiten!

Die Kapitel bestehen aus folgenden Bausteinen:

Regeln — Hier wird leicht verständlich erklärt, welche Regeln du beachten musst, um typische Fehler zu vermeiden.

Übungen — Mithilfe der Übungen kannst du die Regeln aktiv trainieren.

Tipps — Eingestreute Tipps geben dir zusätzliche Hilfestellungen.

Fehler-Check — Am Ende des Kapitels kannst du den Test machen: Alles fehlerfrei?

Die **Lösungen** zu den Übungen und zum Fehler-Check findest du am Ende des Buches.

Und nun kannst du dem Fehlerteufel den Kampf ansagen!

Viel Erfolg wünscht dir
Gotthard Jost

Auf die richtige Äquivalenzumformung achten

Addition und Subtraktion richtig anwenden

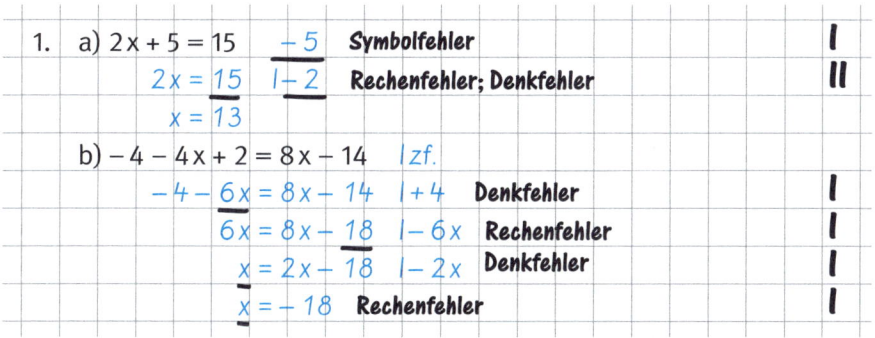

1. a) $2x + 5 = 15$ -5 **Symbolfehler** |
      $2x = 15$ $|-2$ **Rechenfehler; Denkfehler**   ‖
      $x = 13$

    b) $-4 - 4x + 2 = 8x - 14$ $zf.$
      $-4 - 6x = 8x - 14$ $|+4$ **Denkfehler** |
      $6x = 8x - 18$ $|-6x$ **Rechenfehler** |
      $x = 2x - 18$ $|-2x$ **Denkfehler** |
      $x = -18$ **Rechenfehler** |

Regeln

Um eine Gleichung zu lösen, kann man sie systematisch vereinfachen.
Dabei sind aber nur solche Umformungen zulässig, die die Lösungsmenge
nicht verändern.
Solche Umformungen nennt man Äquivalenzumformungen.
Die jeweilige Äquivalenzumformung wird neben der Gleichung hinter
einem senkrechten Strich angekündigt. Äquivalenzumformungen sind:

1. Auf beiden Seiten der Gleichung werden gleichartige Terme oder
    Zahlen **zusammengefasst**.

2. Auf beiden Seiten der Gleichung werden **dieselben Terme oder Zahlen
    addiert, bzw. subtrahiert**.

3. Wenn nötig werden die Seiten der Gleichung vertauscht.

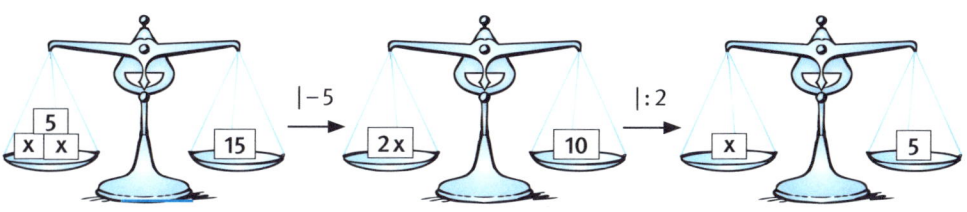

Beispiel: Löse die Gleichung $5x + 8 - 3x = 15 + x + 3$.
Zunächst werden auf beiden Seiten gleichartige Zahlen und Terme zusammengefasst.

Lösung: Es kann hilfreich sein, die Reihenfolge der einzelnen Terme (Zahlen, Variablen) zu vertauschen (Kommutativgesetz). Dabei musst du aber auf die Vorzeichen achten!	$5x - 3x + 8 = 15 + 3 + x$ | zf.* $2x + 8 = 18 + x$
Nun sorgt man mit einer geeigneten Äquivalenzumformung dafür, dass die Variable nur noch auf einer Seite vorkommt. **Tipp:** Es ist sinnvoll, die Variable mit dem kleineren Koeffizienten zu „entfernen", da du dann die Variable stets mit positivem Vorzeichen erhältst.	$2x + 8 = 18 + x$ \qquad | $-x$ $x + 8 = 18$
Nun wird durch Addition bzw. Subtraktion der entsprechenden Zahl die Variable isoliert.	$x + 8 = 18$ \qquad | -8 $x = 10$
Die Lösungsmenge der Gleichung ist somit	$L = \{10\}$.

* zf. = zusammenfassen

Übungen

1 Löse mit einer Äquivalenzumformung.

a) $x + 7 = 10$ \quad |

$\qquad x =$

$\qquad L = \{ \qquad \}$

b) $x - 12 = -8$ \quad |

$\qquad x =$

$\qquad L = \{ \qquad \}$

c) $\quad 2x = x + 9$ \quad |

$\qquad x =$

$\qquad L = \{ \qquad \}$

d) $4x + 2{,}5 = 5x$ \quad |

$\qquad x =$

$\qquad L = \{ \qquad \}$

2 Führe die angegebene Äquivalenzumformung durch.

a) $18 + 5x + 17 = 2x + 3 + 4x$ | zf.

$ = $ | $-5x$

$ = $ | -3

$ = $ | L = { }

b) $7x + 3 - 9x + 11 = 14 + 3x - 9 - 4x$ | zf.

$ = $ | $+2x$

$ = $ | -5

$ = $ | L = { }

c) $2,5y + 7,2 - 1,8 - 1,3y = 9,4 + 0,2y - 6,9$ | zf.

$ = $ | $-0,2y$

$ = $ | $-5,4$

$ = $ | L = { }

3 Welche Äquivalenzumformungen wurden vorgenommen?

a) $12x + 3 - 4x = -10 + 7x + 12$ |

$12x - 4x + 3 = 7x + 12 - 10$ |

$8x + 3 = 7x + 2$ |

$x + 3 = 2$ |

$x = -1 \Rightarrow L = \{-1\}$

b) $15x + 3 - 6x = 16x + 7 - 8x$ |

$15x - 6x + 3 = 16x - 8x + 7$ |

$9x + 3 = 8x + 7$ |

$x + 3 = 7$ |

$x = 4 \Rightarrow L = \{4\}$

c) $4,9z + 6,1z - 8 = 12 + 8,1z - 4 + 1,9z$ |

$11z - 8 = 8 + 10z$ |

$11z = 16 + 10z$ |

$z = 16 \Rightarrow L = \{16\}$

Auf die richtige Äquivalenzumformung achten

4 Löse durch geeignete Umformungen im Heft.
Die Lösungen ergeben ein Lösungswort.

a) $7 + x = 12$

b) $x - 3 = -2$

c) $2x = x + 4$

d) $3x + 8 = 2x + 5$

e) $12x - 8 = -4x - 8 + 15x$

f) $4x + 3 - 7x + 8 = 9x - 1 - 11x - 5$

g) $42x - 18 - 36x = 21x - 114 - 16x$

h) $-3,5x + 2,4 - 9,6 = 6x - 3,4 - 8,5x$

17 | I
4 | N
0 | F
-3 | O
-36 | L
1 | I
5 | K
-3,8 | M

Fehler-Check

1 Löse mit einer Äquivalenzumformung.

a) $x + 6 = 9$ |

$x =$

b) $12 + x = 8$ |

$x =$

c) $5x = 4x - 9$ |

$x =$

d) $-3x + 5 = -2x$ |

$x =$

2 Korrigiere die Aufgaben. Unterstreiche alle Fehler und gib eine korrekte Lösung an.

a) $5x - 3 = 4 + 4x$ | zf.

$\quad 2x = 4 + 4x$ | $-2x$

$\quad x = 4 + 2x$ | $-2x$

$\quad x = 4$

b) $2x + 3 + 6x = 3x + 18 + 4x$ | $-2x$

$\quad 3 + 6x = x + 18 + 2x$ | zf.

$\quad 9x = 3x + 18$ | $-3x$

$\quad 6x = 18$ | -6

$\quad x = 12$

3 Löse die Gleichungen im Heft und gib die Lösungsmenge an.

a) $5x + 17 + 3x = 2x + 35 + 5x$

b) $7x + 21 + 2x = 5x + 41 + 3x$

c) $13 - 4x + 17 = 21 - 3x + 5$

d) $100 + 17x - 45 = 8x + 59 + 10x$

	Fehler	0 – 2 Fehler	3 – 5 Fehler	mehr als 5 Fehler
		Super!	In Ordnung!	Bitte noch einmal üben!

Fehlerfrei multiplizieren und dividieren

Löse die Gleichung.

a) $8x - 4 = 2x - 7 \quad | -2x$

$ 6x - 4 = -7 \quad | +4$

$ 6x = -3 \quad | :6$

$ x = -2$

b) $-8 + 4x = -8x - 5 \quad | +8$

$ 4x = -8x + 3 \quad | :4$

$ x = -8x + 3 \quad | +8x$

$ 9x = 3 \quad | \cdot 9$ $\quad |$

$ x = 27$ $\quad ||$

c) $-0,1x + 6 = 0,2x \quad | +0,1x$

$ 6 = 0,3x \quad | -0,3x$

$ 5,7 = 0 \cdot x \quad | :0$

$ 0 = x$

d) $0,4x - 2,1 = 1,6x + 0,3 \quad | -0,4x$

$ -2,1 = 1,2x + 0,3 \quad | -0,3$

$ -2,4 = 1,2x \quad | :1,2x$ $\quad |$

$ -0,2 = x$ $\quad ||$ $\quad ||$

Regeln

Neben der Addition und Subtraktion von Zahlen oder Termen gibt es weitere Äquivalenzumformungen:

1. Multiplikation beider Seiten mit demselben von Null verschiedenen Term bzw. derselben von Null verschiedenen Zahl.

2. Division beider Seiten durch denselben von Null verschiedenen Term bzw. dieselbe von Null verschiedene Zahl.

Beispiel: $63 + 4x - 21 = 15x + 28 - 4x \quad | zf.$

$ 42 + 4x = 11x + 28 \quad | -4x$

$ 42 = 7x + 28 \quad | -28$

$ 14 = 7x \quad | :7$

$ 2 = x \Rightarrow L = \{2\}$

Tipp | Bei Dezimalzahlen kann es hilfreich sein, mit 10 (100; 1000; ...)
         | zu multiplizieren, damit das Komma verschwindet.

Beispiel:

$$0{,}4x - 2{,}1 = 1{,}6x + 0{,}3 \quad | \cdot 10$$
$$4x - 21 = 16x + 3 \quad | -4x$$
$$-21 = 12x + 3 \quad | -3$$
$$-24 = 12x \quad | : 12$$
$$-2 = x \Rightarrow L = \{-2\}$$

Übungen

❶ Löse mit der entsprechenden Äquivalenzumformung.

a) $3x = 15$ |
   $x =$
   $L = \{ \quad \}$

b) $-10x = 4$ |
   $x =$
   $L = \{ \quad \}$

c) $20x = 0$ |
   $x =$
   $L = \{ \quad \}$

d) $-0{,}5x = 5$ |
   $x =$
   $L = \{ \quad \}$

e) $-0{,}7x = 4{,}9$ |
   $x =$
   $L = \{ \quad \}$

f) $\frac{1}{3}x = \frac{1}{5}$ |
   $x =$
   $L = \{ \quad \}$

❷ Führe die angegebene Äquivalenzumformung durch.

a) $34x + 11 - 28x = 17x + 23 - 14x$ | vertauschen

   ⬚ $=$ ⬚ | zf.

   ⬚ $=$ ⬚ | $-3x$

   ⬚ $=$ ⬚ | -11

   ⬚ $=$ ⬚ | $:3$

   ⬚ $=$ ⬚

b) $31x - 17 = 28x + 3$ | $-28x + 17$

   ⬚ $=$ ⬚ | $:3$

   ⬚ $=$ ⬚

c) $7x + 13 - 5x = 9 + 4x + 13$ $\quad$ |zf.

 = $\quad$ $|-2x - 22$

 = $\quad$ $|:2$

 =

Tipp | Wie du in den letzten beiden Aufgaben gesehen hast, kann man mehrere Äquivalenzumformungen in einem Schritt vornehmen (z. B. $-28x + 17$), um Rechenschritte zu sparen. Dabei solltest du aber nur Addition und Subtraktion bzw. Multiplikation und Division kombinieren, ansonsten ist die Gefahr, dass du Fehler machst, zu groß!

3 Welche Äquivalenzumformungen wurden durchgeführt?

a) $18 + 5x + 17 = 2x + 3 + 11x$ $\quad$ |

$\qquad 35 + 5x = 13x + 3$ $\quad$ |

$\qquad\qquad 32 = 8x$ $\quad$ |

$\qquad\qquad\quad 4 = x$

b) $7x - 8 + 2x = 8x + 32 - 9x$ $\quad$ |

$\qquad 9x - 8 = -x + 32$ $\quad$ |

$\qquad\quad 10x = 40$ $\quad$ |

$\qquad\qquad x = 4$

c) $8x + 15 - 4x + 3x = 7x + 9 - 3x + 2$ $\quad$ |

$\qquad\qquad 7x + 15 = 4x + 11$ $\quad$ |

$\qquad\qquad\quad 3x = -4$ $\quad$ |

$\qquad\qquad\quad x = -\dfrac{4}{3} = -1\dfrac{1}{3}$

4 Löse in möglichst wenig Schritten im Heft.

a) $4x - 4 = 8x - 24$ $\qquad\qquad$ b) $9 - 6x = 12 - 5x$

c) $4 + 5x = 2x - 7$ $\qquad\qquad$ d) $1 - 9x = -5x - 4$

e) $3x - 1 = 2 - 5x$ $\qquad\qquad$ f) $5,4x - 3 = 56,2 - 12,8x$

g) $1,5x = 33 - 1,25x$ $\qquad\qquad$ h) $0,75 + x = 1,857 - 2x$

Fehler-Check

❶ Löse mit einer Äquivalenzumformung.

a) $7x = -35$ |

$x =$

$L = \{\quad\}$

b) $-29x = -1$ |

$x =$

$L = \{\quad\}$

c) $-0,4x = 4,8$ |

$x =$

$L = \{\quad\}$

d) $6x - 4,5x = 13,5$ |

$x =$

$L = \{\quad\}$

❶ Ergänze die Gleichung so, dass die Lösungsmenge stimmt.

a) $4x + \quad = x + 10$ $\quad L = \{3\}$

b) $2x + 9 = \quad + 4x$ $\quad L = \{6\}$

c) $\quad \cdot x + 5 = 2x + 11$ $\quad L = \left\{\dfrac{1}{2}\right\}$

d) $\quad \cdot x - 16 = 19 - 3x$ $\quad L = \{5\}$

❸ Keine quadratischen Gleichungen, aber Gleichungen im Quadrat ... Bestimme die Variablen, indem du die waagerechten und senkrechten Gleichungen löst.

a)

3	·	a	−	12	=	18
·		·		·		·
b	·	5	−	c	=	15
−		−		−		−
2	·	d	−	30	=	e
=		=		=		=
16	·	25	−	f	=	250

b)

a	·	11	−	b	=	77
·		·		·		·
2	·	c	−	30	=	14
−		−		−		−
2	·	d	−	154	=	e
=		=		=		=
26	·	121	−	f	=	990

☐ Fehler

0 – 2 Fehler
Super!

3 – 5 Fehler
In Ordnung!

mehr als 5 Fehler
Bitte noch einmal üben!

Wie man Klammern auflösen kann

1. Vereinfache und löse dann die Gleichung.

a) $3 + 4 \cdot (2x - 5) = 7$

Denkfehler $\quad \underline{7}\,(2x - 5) = 7 \quad | : 7$

Rechenfehler $\quad 2x - 5 = \underline{7} \quad | + 5$

$\qquad\qquad\qquad 2x = 12 \quad | : 2$

$\qquad\qquad\qquad\quad x = 6$

b) $8x + (-3 + 4) = 19$

$\qquad\qquad 8x - 3x - 4 = 19 \quad | + 4 \quad \text{II}$

Vorzeichenfehler $\quad 5x = 23 \quad | : 5 \quad \text{I}$

$\qquad\qquad\qquad\qquad x = 4{,}6$

c) $10x - (3x + 5) - (1 - 2x) = 12$

$\qquad 10x - 3x + 5 + 1 + 2x = 12 \quad | \text{zf.}$

Vorzeichenfehler $\quad 9x + 6 = 12 \quad | - 6$

$\qquad\qquad\qquad\quad 9x = 6 \quad | : 9$

$\qquad\qquad\qquad\quad x = \dfrac{6}{9}$

$\qquad\qquad\qquad\qquad\quad \underline{\quad}\ \text{Kürzen!}$

d) $2 \cdot [3x - (4x - 2)] = 6x$

$\qquad\qquad 6x - (4x - 2) = 6x \quad | - 6x \quad \text{III}$

Rechenfehler $\quad 4x - 2 = 0 \quad | + 2 \quad \text{I}$

Vorzeichenfehler $\quad 4x = 2 \quad | : 4$

$\qquad\qquad\qquad\quad x = 0{,}5 \qquad \text{I}$

Regeln

Kommen in Gleichungen Klammern vor, ist es meistens sinnvoll, zunächst die Klammern aufzulösen.

Dabei lassen sich folgende Fälle unterscheiden:

1. Wird ein Klammerterm **addiert** („Plusklammer"), kann man die Klammer einfach weglassen.

   Beispiel: $4x + (6x - 8) = 12 \Leftrightarrow 4x + 6x - 8 = 12$

   allgemein: $a + (b + c) = a + b + c$

   $\qquad\qquad\ a + (b - c) = a + b - c$

2. Wird ein Klammerterm **subtrahiert** („Minusklammer"), drehen sich alle Vorzeichen in der Klammer um, wenn man die Klammer weglässt.

   Beispiel: $-3x - (-5x + 6) = 8 \Leftrightarrow -3x + 5x - 6 = 0$

   allgemein: $a - (b + c) = a - b - c$

   $\qquad\qquad\ a - (b - c) = a - b + c$

3. Beim **Multiplizieren** einer Summe (oder Differenz) mit einer Zahl oder einer Variablen wird jedes Glied der Klammer mit der Zahl (Variablen) multipliziert. Das Gleiche gilt, wenn man eine Summe oder Differenz durch eine Zahl (Variable) dividiert. Dieses Gesetz ist das sogenannte **Distributivgesetz** (Verteilungsgesetz).

allgemein: $a \cdot (b + c) = a \cdot b + a \cdot c$ $(a + b) : c = a : c + b : c$

Beispiele: a) $6 \cdot (2x - 4) = -18$ b) $(10 - 15x) : 5 = 7$
                 $6 \cdot 2x + 6 \cdot (-4) = -18$ $10 : 5 - 15x : 5 = 7$
                      $12x - 24 = -18$ $2 - 3x = 7$

4. Es gilt stets **„Punkt vor Strich"**, d. h. Multiplikation/Division vor Addition/Subtraktion.
    Beispiel: $3 + 2 \cdot (x - 4) \neq 5 \cdot (x - 4)$ aber: $3 + 2 \cdot (x - 4) = 3 + 2x - 8$

Übungen

① Schreibe ohne Klammer.

    a) $x + (2y + 3z) =$ b) $(a - 3b) + 8 =$

    c) $x - (3y + 2z) =$ d) $m - (-7m + 10) =$

    e) $6 \cdot (2x + 3y) =$ f) $-2 \cdot (7 - 4a) =$

    g) $(32u + 24v) : 8 =$

    h) $(10x - 15 + 25y) : (-5) =$

2 Ergänze.

a) $4u$ ▩ $(-6u+12) = 10u$ ▩ 12 b) $8m-7n+4 = 8m-($ ▩ $)$

c) $3x-($ ▩ ▩ $13) = 14x-13$ d) $6u$ ▩ $(4u+$ ▩ $)-(10u+4) = 1$

e) ▩ $(a+b)+6a-b = 3a$ ▩ $4b$

f) $-58zd+29z^2e =$ ▩ $($ ▩ $+ze)$

Tipp | Bei verschachtelten Klammern rechnet man **von innen nach außen**, z. B.:
$$2x-[3x+2\cdot(x-8)] = 2x-[3x+2x-16] = 2x-3x-2x+16$$
$$= -3x+16$$

3 Vereinfache.

a) $4x+[x-(2x-10)]$

$=$ ▩

$=$ ▩

$=$ ▩

b) $4m-3n+2\cdot[-7m+3\cdot(4-n)]$

$=$ ▩

$=$ ▩

$=$ ▩

c) $7u-[6u+4-(3u+10)]$

$=$ ▩

$=$ ▩

$=$ ▩

d) $[6\cdot(4-x)-9\cdot(2x-5)]:3$

$=$ ▩

$=$ ▩

$=$ ▩

4 Verbinde die Gleichungen auf der linken Seite mit den richtigen Lösungen auf der rechten Seite.
Die Gleichungen müsstest du im Kopf lösen können.

$2\cdot(x-3) = 0$ ☐		☐ $x = 0,5$
$3x-(2x+4) = 3$ ☐		☐ $x = 7$
$(6+4x):2 = 5$ ☐		☐ $x = 2$
$3x+(x-5) = 3$ ☐		☐ $x = 1$
$4-(-x+6) = 2$ ☐		☐ $x = 4$
$(10+5x):5 = 0$ ☐		☐ $x = -1$
$-3+(2x+4) = -1$ ☐		☐ $x = -2$
$4x+3\cdot(1-x) = 11$ ☐		☐ $x = 8$
$10\cdot(x+2) = 25$ ☐		☐ $x = 3$

5 Gib die Lösungsmenge an.

a) $2x - (4x + 9) = 11x + 17$

b) $10x - (3 - 5x) = 3x + 9$

_____ = _____

_____ = _____

_____ = _____

_____ = $x \Rightarrow L = \{\ \ \}$

_____ = _____

_____ = _____

_____ = _____

$x = \_\_ \Rightarrow L = \{\ \}$

c) $15 + (5x - 8) = 20 - (1 - 3x)$

d) $2 \cdot (5x + 2) - 6x = 28$

_____ = _____

_____ = _____

_____ = _____

$x = \_\_ \Rightarrow L = \{\ \}$

_____ = _____

_____ = _____

_____ = _____

$x = \_\_ \Rightarrow L = \{\ \}$

Löse die folgenden Gleichungen im Heft.

e) $4 \cdot (2x - 4) = 24 + 3x$

f) $9 \cdot (3 + 6x) = 129 + 2 \cdot (6 + 8x)$

g) $2 \cdot (-6x - 3) = 46 + 4 \cdot (-6x - 7)$

h) $4 \cdot (2,5 - 2x) = (3x - 5) \cdot (-2)$

i) $(45x - 10) : 5 = 9 \cdot (-2x - 1) - 6,5$

j) $(12 - 24x) : 6 - (20 - 15x) : 5 = 1 - (9 - 2x)$

Tipp | Manchmal kannst du Gleichungen mit Klammern vereinfachen, indem du vor dem Auflösen der Klammer eine Äquivalenzumformung (Gegenoperation) durchführst, die den Faktor oder Divisor einer Klammer eliminiert.

Beispiel 1:

$4 \cdot (10 - 3x) = 8x \quad | : 4$

$10 - 3x = 2x \quad | + 3x$

$10 = 5x \quad | : 5$

$2 = x$

Beispiel 2:

$2x - [2 + 4 \cdot (x + 1)] : 3 = 0 \quad | \cdot 3$

$6x - [2 + 4 \cdot (x + 1)] = 0$

$6x - [2 + 4x + 4] = 0$

$2x - 6 = 0 \quad | + 6$

$2x = 6 \quad | : 2$

$x = 3$

6 Löse möglichst geschickt im Heft.

a) $8 \cdot (x + 4) = 16$

b) $4 \cdot (3x + 1) = 20x + 36$

c) $12 - 3 \cdot (x + 3) = 3x$

d) $(13 + 9x) : 4 = x + 5,5$

e) $12 \cdot [(x + 2) - (3x - 4)] = 36$

f) $[17 - (3 - 2x) : 3] \cdot 5 = 30x$

Fehler-Check

1 Vereinfache.

a) $8z + (-4z + 12) =$

b) $25a - (-3a - 30) =$

c) $2 \cdot (b + 3c) + (4b - 5c) =$ $=$

d) $4 + 3 \cdot (-2x + 7) - 8 =$ $=$

e) $3 \cdot (4c + 3d) - (8c - 6) \cdot 4 =$ $=$

f) $2 - [4 \cdot (7a - 2 + 2c) - (a + c)] =$

$=$

2 Finde die Fehler und verbessere sie.

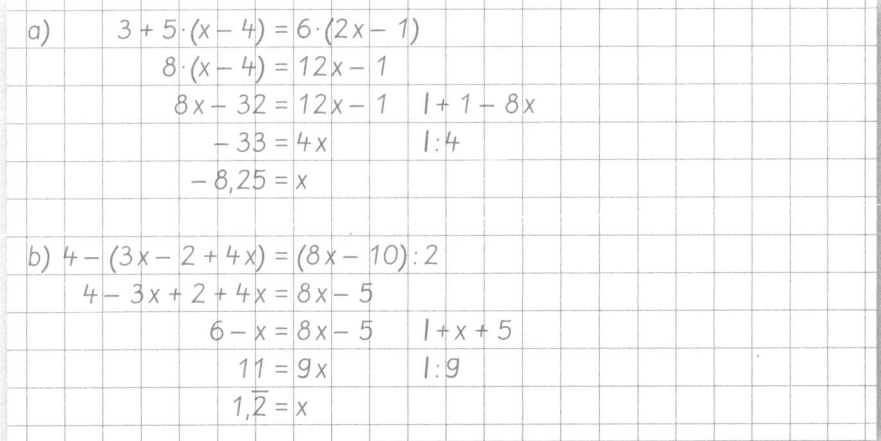

a)	$3 + 5 \cdot (x - 4) = 6 \cdot (2x - 1)$	
	$8 \cdot (x - 4) = 12x - 1$	
	$8x - 32 = 12x - 1$	$\mid +1 - 8x$
	$-33 = 4x$	$\mid : 4$
	$-8,25 = x$	

b)	$4 - (3x - 2 + 4x) = (8x - 10) : 2$	
	$4 - 3x + 2 + 4x = 8x - 5$	
	$6 - x = 8x - 5$	$\mid + x + 5$
	$11 = 9x$	$\mid : 9$
	$1,\overline{2} = x$	

3 Löse die Gleichung in deinem Heft.

a) $4 \cdot (x - 3) - 2x = 5 \cdot (-3x + 1)$

b) $(4x - 3) \cdot 5 + 4x = 9$

c) $17 + 5 \cdot (-x + 3) - (5x + 8) = 12$

d) $13 - 4 \cdot (0,5x + 5) = 0,1 \cdot (20 - 10x)$

e) $25 \cdot [4 - 2 \cdot (x + 5)] = 125$

f) $[14x - 15 \cdot (x + 2)] : 8 = 2 - 3x$

	Fehler	0 – 2 Fehler	3 – 5 Fehler	mehr als 5 Fehler
		Super!	In Ordnung!	Bitte noch einmal üben!

Klammern richtig miteinander multiplizieren

Löse die Gleichung. Achte dabei auf die Klammern!

a) $(x + 4) \cdot (x + 2) - x^2 = 8 + x$

$$\underline{x^2 + 8} - x^2 = 8 + x \quad | \, zf.$$
$$8 = 8 + x \quad | - 8 \qquad \textbf{Rechenfehler} \qquad |$$
$$0 = x$$

b) $2 \cdot (x + 3) \cdot (x - 1) = 4 + 2x^2$

$$(2x + 6) \cdot (2x - 2) = 4 + 2x^2 \qquad \textbf{Denkfehler} \qquad |$$
$$\underline{2x^2 + 8x - 12} = 4 + 2x^2 \quad | - 2x^2 + 12 \qquad\qquad\qquad |$$
$$8x = 16 \qquad\qquad \textbf{Rechenfehler}$$
$$x = 2$$

c) $(x + 5)^2 - 10 = x^2 + 13x$

$$\underline{x^2 + 25} - 10 = x^2 + 13x \quad | - x^2$$
$$15 = 13x \qquad | : 13 \qquad \textbf{Rechenfehler} \qquad |$$
$$\frac{15}{13} = x$$

d) $2x - (x + 2) \cdot (x - 5) + x^2 = 12$

$$\underline{2x - x^2 - 5x + 2x - 10} + x^2 = 12 \quad | \, zf.$$
$$-x - 10 = 12 \quad | + 10 \qquad \textbf{Vorzeichenfehler} \qquad |$$
$$-x = 22$$
$$x = -22$$

Regeln

1. **Multipliziert** man **zwei Summen oder Differenzen** miteinander, so wird jedes Glied der ersten Klammer mit jedem Glied der zweiten Klammer multipliziert (auf Vorzeichen aufpassen!) und das Ergebnis, wenn möglich, vereinfacht.

   Beispiel: $(x + 2) \cdot (x - 4) = x^2 - 4x + 2x - 8 = x^2 - 2x - 8$

   allgemein: $(a + b) \cdot (c + d) = a \cdot c + a \cdot d + b \cdot c + b \cdot d$

2. Wird ein Produkt von Klammern mit einem **weiteren Faktor** multipliziert, oder steht ein Minus davor, ist es ratsam, **zunächst die beiden Klammern** zu multiplizieren.

Beispiele: a) $-(3x + 2) \cdot (x + 4) = -[(3x + 2) \cdot (x + 4)]$
$$= -[3x^2 + 14x + 8])$$
$$= -3x^2 - 14x - 8$$

b) $2 \cdot (x - 4) \cdot (x + 3) = 2 \cdot [(x - 4) \cdot (x + 3)]$
$$= 2 \cdot [x^2 - x - 12]$$
$$= 2x^2 - 2x - 24$$

3. Will man **drei Klammern** miteinander multiplizieren, ist es sinnvoll, zunächst zwei miteinander zu multiplizieren und das Ergebnis dann mit der dritten Klammer zu multiplizieren.

Beispiel: $(2x + 3) \cdot (x - 2) \cdot (x + 5) = [(2x + 3) \cdot (x - 2)] \cdot (x + 5)$
$$= [2x^2 - x - 6] \cdot (x + 5)$$
$$= 2x^3 + 10x^2 - x^2 - 5x - 6x - 30$$
$$= 2x^3 + 9x^2 - 11x - 30$$

4. Da sie häufig vorkommen, solltest du folgende „Spezialfälle", die sogenannten **binomischen Formeln,** kennen.

$(a + b)^2 = a^2 + 2ab + b^2$ $(x + 4)^2 = x^2 + 2 \cdot x \cdot 4 + 4^2 = x^2 + 8x + 16$
$(a - b)^2 = a^2 - 2ab + b^2$ $(3 - x)^2 = 3^2 - 2 \cdot 3 \cdot x + x^2 = 9 - 6x + x^2$
$(a + b) \cdot (a - b) = a^2 - b^2$ $(x + 5) \cdot (x - 5) = x^2 - 5^2 = x^2 - 25$

Übungen

1 Berechne im Heft.
a) $(x + 2) \cdot (x + 3)$ b) $(x + 1) \cdot (x - 4)$ c) $(x - 2) \cdot (x - 5)$
d) $(2x + 6) \cdot (3x - 7)$ e) $(11 - x) \cdot (3 + x)$ f) $(-x - 4) \cdot (x - 6)$
g) $3 \cdot (x + 2) \cdot (x - 6)$ h) $-5 \cdot (8 - x) \cdot (-2 - x)$

2 Löse Schritt für Schritt im Heft.
a) $3 \cdot (2x + 3) \cdot (x - 4) \cdot (5x + 2)$
b) $-2 \cdot (-3x + 4) \cdot (5x - 6) \cdot (x + 2)$
c) $0,5 \cdot (4x + 3) \cdot (-6x - 9) \cdot (x - 4)$
d) $-0,2 \cdot (-x - 3) \cdot (4x - 2) \cdot (-3x + 8)$

❸ Löse mithilfe der binomischen Formeln.

a) $(2 + 4\,b)^2 =$ _____   b) $(3\,a - 5)^2 =$ _____

c) $(5\,x - 6)^2 =$ _____   d) $(2\,x + 3\,y)^2 =$ _____

e) $(5\,u + 7\,v)^2 =$ _____   f) $(a - 15\,b)^2 =$ _____

g) $(8\,a - 2) \cdot (8\,a + 2) =$ _____   h) $(4\,x + 5\,y) \cdot (4\,x - 5\,y) =$ _____

❹ Ergänze.

a) $(3 + \underline{\quad})^2 = \underline{\quad} + 6\,b + b^2$

b) $(\underline{\quad})^2 = 4 + \underline{\quad} + 9\,b^2$

c) $(5\,x + \underline{\quad})^2 = \underline{\quad} + \underline{\quad} + 64\,y^2$

d) $(\underline{\quad} - \underline{\quad})^2 = 121\,a^2 - 44\,a\,b + \underline{\quad}$

e) $(5\,a - \underline{\quad}) \cdot (5\,a + \underline{\quad}) = \underline{\quad} - 49\,b^2$

f) $(\underline{\quad})^2 = \underline{\quad} - 24\,x\,y + 144\,y^2$

g) $(a + \underline{\quad}) \cdot (\underline{\quad} - \underline{\quad}) = \underline{\quad} - b^2$

h) $(\underline{\quad} - 5\,y)^2 = \underline{\quad} - 90\,x\,y + \underline{\quad}$

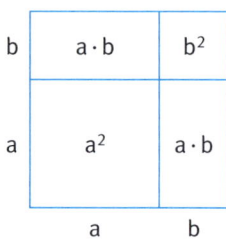

$(a + b)^2 = a^2 + 2\,a\,b + b^2$

b	$a \cdot b$	b^2
a	a^2	$a \cdot b$
	a	b

Tipp

Zum Lösen binomischer Formeln mit höheren Potenzen $(a + b)^n$ kannst du das **Pascal'sche Dreieck** zuhilfe nehmen: Jede Zahl ist hier die Summe der zwei über ihr stehenden Zahlen.

n = 0						1					
n = 1					1		1				
n = 2				1		2		1			
n = 3			1		3		3		1		
n = 4		1		4		6		4		1	
n = 5	1		5		10		10		5		1

Die Zahlen (**1 2 1**) in der Zeile $n = 2$ sind die Koeffizienten der binomischen Formel $(a + b)^2 = \mathbf{1}a^2 + \mathbf{2}\,a\,b + \mathbf{1}b^2$. Gleiches gilt für $n = 3$ und $(a + b)^3 = \mathbf{1}a^3 + \mathbf{3}\,a^2 b + \mathbf{3}\,a\,b^2 + \mathbf{1}b^3$ und so fort. Dabei nimmt die Potenz von a von Glied zu Glied um 1 ab, während die von b um 1 zunimmt

5 Bestimme mithilfe des Pascal'schen Dreiecks.

a) $(a + b)^4 =$

b) $(x + 3)^5 =$

c) $(a - b)^4 =$

d) $(2x + 3)^4 =$

In Aufgabe c) musst du bei den Vorzeichen sehr gut aufpassen!

6 Löse die Gleichung im Heft.

a) $(x - 2)^2 = x^2 - 2$

b) $(x + 4) \cdot (x - 4) - x^2 = 3x - 1$

c) $(2x - 5)^2 - 3x^2 = x^2 + 5$

d) $2 - (x + 5) \cdot (x + 2) + x^2 = 9x$

e) $(x - 3) \cdot (x + 3) = (x + 9)^2$

f) $4x^2 - (2x + 3) \cdot (2x - 3) = -2 \cdot (x + 2{,}5)$

g) $x^2 - 1 + (x - 1)^2 = 2x \cdot (x - 3)$

h) $-2 \cdot (x + 4) \cdot (2x - 3) + (3 + 2x)^2 = 12$

7 Löse mithilfe des Pascal'schen Dreiecks. Die Gleichungen sehen zwar sehr schwer aus, es fallen aber alle Potenzen weg und die Lösungen sind ganz einfach!

Diese Aufgabe solltest du lösen können, wenn du ein Gymnasium besuchst. Gehst du auf die Realschule, kannst du sie auslassen, darfst sie aber natürlich gerne versuchen!

a) $(x + 2)^4 - x^2 \cdot (x^2 + 8x) = 24x^2 - 16$

b) $(x + 1)^5 - (5x - 2{,}5) \cdot (2x + 2) - x^5 = 5x^3 \cdot (x + 2) + 6x$

8 Korrigiere Dileks Hausaufgaben.

a) $(2x + 3)^2 - 7x = (2x + 4) \cdot (2x - 4)$

$4x^2 + 9 - 7x = 4x^2 - 8x - 8$	$\mid -4x^2$
$9 - 7x = -8x - 8$	$\mid -9$
$7x = -8x - 17$	$\mid +8x$
$15x = -17$	$\mid : 15$
$x = -\dfrac{17}{15}$	

b) $(3x + 2) \cdot (3x - 2) - (x + 7)^2 = (2x - 4) \cdot 4x$

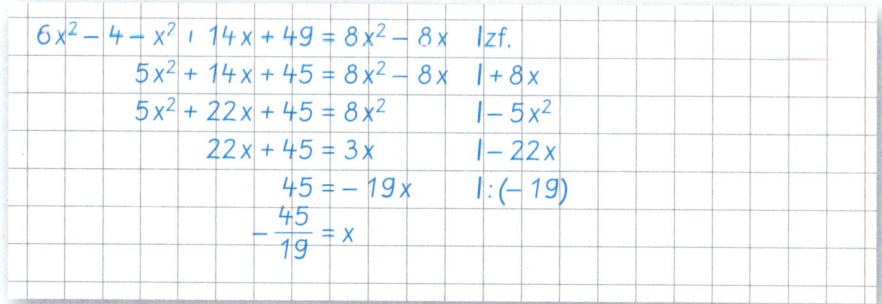

$$6x^2 - 4 - x^2 + 14x + 49 = 8x^2 - 8x \quad | \text{zf.}$$
$$5x^2 + 14x + 45 = 8x^2 - 8x \quad | + 8x$$
$$5x^2 + 22x + 45 = 8x^2 \quad | - 5x^2$$
$$22x + 45 = 3x \quad | - 22x$$
$$45 = -19x \quad | : (-19)$$
$$-\frac{45}{19} = x$$

Fehler-Check

1 Löse die Klammern auf und fasse, wenn möglich, zusammen.

a) $(a + 2b)^2 =$

b) $(4ab - 3c)^2 =$

c) $(3x + 7) \cdot (4 - 2x) =$

d) $-2 \cdot (5r - 2s)^2 =$

2 Löse die Gleichungen im Heft. Die Buchstaben neben den richtigen Lösungen ergeben, richtig sortiert, eine europäische Stadt.

a) $2 + (x + 2) \cdot (x - 3) = x^2$ b) $(x - 4)^2 - x \cdot (x + 2) = 6$

c) $x^2 - (x + 2) \cdot (7 + x) + 10x = -12$ d) $2x^2 - 0{,}5 \cdot (2x + 6)^2 = 6$

3 A	2 O	−5 K	1 S	7 M	4 R	−2 O	−4 L

Lösungswort:

3 Korrigiere die Aufgaben aus der Klassenarbeit auf Seite 18 im Heft.

	Fehler	0 – 2 Fehler	3 – 5 Fehler	mehr als 5 Fehler
		Super!	In Ordnung!	Bitte noch einmal üben!

Keine Angst vor Brüchen!

Wie man Brüche addiert und subtrahiert

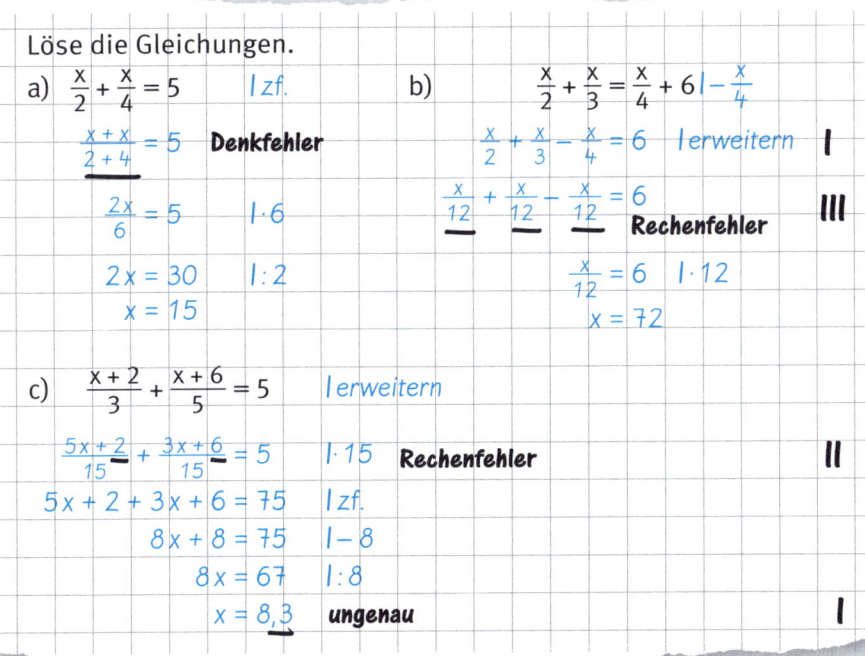

Löse die Gleichungen.

a) $\dfrac{x}{2} + \dfrac{x}{4} = 5 \qquad \vert\ zf.$

$\dfrac{x+x}{2+4} = 5 \qquad$ **Denkfehler**

$\dfrac{2x}{6} = 5 \qquad \vert\cdot 6$

$2x = 30 \qquad \vert : 2$

$x = 15$

b) $\dfrac{x}{2} + \dfrac{x}{3} = \dfrac{x}{4} + 6 \;\Big\vert - \dfrac{x}{4}$

$\dfrac{x}{2} + \dfrac{x}{3} - \dfrac{x}{4} = 6 \qquad \vert\ erweitern \qquad$ **I**

$\dfrac{x}{12} + \dfrac{x}{12} - \dfrac{x}{12} = 6 \qquad$ **III**

$\qquad\qquad\qquad$ **Rechenfehler**

$\dfrac{x}{12} = 6 \qquad \vert\cdot 12$

$x = 72$

c) $\dfrac{x+2}{3} + \dfrac{x+6}{5} = 5 \qquad \vert\ erweitern$

$\dfrac{5x+2}{15} + \dfrac{3x+6}{15} = 5 \qquad \vert\cdot 15 \qquad$ **Rechenfehler** $\qquad$ **II**

$5x + 2 + 3x + 6 = 75 \qquad \vert\ zf.$

$8x + 8 = 75 \qquad \vert - 8$

$8x = 67 \qquad \vert : 8$

$x = 8{,}3 \qquad$ **ungenau** $\qquad$ **I**

Regeln

1. Brüche mit **gleichem Nenner** werden **addiert,** indem man die Zähler addiert und den Nenner beibehält.

2. Brüche mit **gleichem Nenner** werden **subtrahiert,** indem man die Zähler subtrahiert und den Nenner beibehält.

3. Brüche mit **unterschiedlichen Nennern** werden für die Addition bzw. Subtraktion zunächst auf einen gemeinsamen Hauptnenner erweitert und dann zusammengefasst.

4. Brüche werden **erweitert,** indem man Zähler und Nenner mit der gleichen Zahl multipliziert.

Beispiele:

a) $\dfrac{10}{4} + \dfrac{3}{4} - \dfrac{1}{4} = \dfrac{10+3-1}{4} = \dfrac{12}{4} = 3$

b) $\dfrac{2}{7} + \dfrac{1}{2} - \dfrac{3}{14} = \dfrac{4}{14} + \dfrac{7}{14} - \dfrac{3}{14} = \dfrac{4+7-3}{14} = \dfrac{\overset{4}{\cancel{8}}}{\underset{7}{\cancel{14}}} = \dfrac{4}{7}$

c) Mache die Brüche gleichnamig: $\dfrac{4}{6}; \dfrac{1}{3}; \dfrac{x}{12}; \dfrac{2x+5}{8}$ Hauptnenner: 24

$\dfrac{4\cdot 4}{6\cdot 4} = \dfrac{16}{24}; \dfrac{1\cdot 8}{3\cdot 8} = \dfrac{8}{24}; \dfrac{x\cdot 2}{12\cdot 2} = \dfrac{2x}{24}; \dfrac{(2x+5)\cdot 3}{8\cdot 3} = \dfrac{6x+15}{24}$

Tipp | $\dfrac{x}{4} = \dfrac{1}{4}x; \quad \dfrac{2x}{3} = \dfrac{2}{3}x; \quad \dfrac{3}{5}x \neq \dfrac{3}{5x}$

Die Variable kann entweder auf oder hinter dem Bruchstrich stehen. Schreibst du die Variable aber unter den Bruchstrich, dann ist das falsch, siehe Beispiel oben.

d) Löse die Gleichungen.

$\dfrac{x}{3} + \dfrac{x}{4} = 3{,}5$ | erweitern

$\dfrac{4x}{12} + \dfrac{3x}{12} = 3{,}5$ | zf.

$\dfrac{7x}{12} = 3{,}5$ | $\cdot 12$

$7x = 42$ | $:7$

$x = 6$

$\dfrac{11x-1}{2} - \dfrac{7x-1{,}5}{5} = 8$ | erweitern

$\dfrac{55x-5}{10} - \dfrac{14x-3}{10} = 8$ | zf.

$\dfrac{55x-5-(14x-3)}{10} = 8$ | zf.

$\dfrac{41x-2}{10} = 8$ | $\cdot 10$

$41x - 2 = 80$ | $+2$

$41x = 82$ | $:41$

$x = 2$

Übungen

① a) Addiere benachbarte Zahlen.

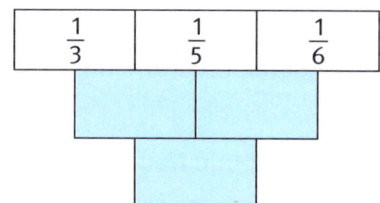

b) Subtrahiere benachbarte Zahlen.

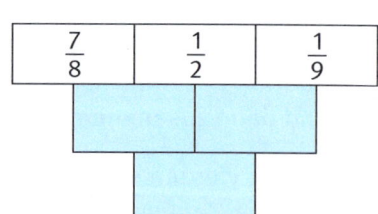

Tipp | Man kann eine ganze Zahl als einen Bruch mit beliebigem Nenner darstellen: $2 = \frac{2}{1} = \frac{4}{2} = \frac{10}{5} = \frac{90}{45} = \dots$
Manchmal ist es zum Rechnen einfacher, einen gemischten Bruch in einen sogenannten **unechten Bruch** (Zähler größer als der Nenner) umzuwandeln: $3\frac{2}{7} = \frac{23}{7}$.

2 Löse die Gleichungen im Heft.

a) $\frac{x}{2} + \frac{x}{3} = 20$

b) $\frac{1}{2}x - \frac{2}{5} = \frac{3}{5} + \frac{1}{3}x$

c) $4 + \frac{2}{3}x = 8 - \frac{1}{3}x$

d) $\frac{2}{3} + x = \frac{3}{2} - x$

e) $\frac{3x}{5} + 21 = \frac{7x}{10} + 2x$

f) $\frac{2}{5}x + \frac{5}{6}x = \frac{3}{2}x - 16$

g) $1\frac{4}{5} - 3x = 5\frac{2}{15} - x$

h) $\frac{1}{2} - \frac{4}{3}x = 3\frac{1}{6} + \frac{2}{3}x$

i) $1\frac{1}{3}x - 1\frac{2}{3} = 3x - 9\frac{1}{6}$

j) $\frac{4}{3}x - 6{,}23 = 3{,}02 - \frac{7}{4}x$

3 Korrigiere Daniels Hausaufgaben.

a)
$$\frac{x}{2} + \frac{2x}{3} = 7 \quad | \text{ erweitern}$$
$$\frac{2x}{6} + \frac{6x}{6} = 7 \quad | \text{ zf.}$$
$$\frac{8x}{6} = 7 \quad | \cdot 6$$
$$8x = 42 \quad | : 8$$
$$x = \frac{42}{8} = 5\frac{1}{4}$$

b)
$$\frac{2x}{3} + \frac{5x}{2} = 19 \quad | \text{ erweitern}$$
$$\frac{4x}{6} + \frac{15x}{6} = 19 \quad | \text{ zf.}$$
$$\frac{19x}{12} = 19 \quad | \cdot 12$$
$$19x = 228 \quad | : 19$$
$$x = 12$$

c)
$$\frac{3 + 8x}{2} - \frac{4x - 11}{5} = \frac{1}{2} \quad | \text{ erweitern}$$
$$\frac{15 + 8x}{2} - \frac{8x - 22}{10} = \frac{1}{2} \quad | \text{ zf.}$$
$$\frac{15 + 8x - 8x - 22}{10} = \frac{1}{2}$$
$$-\frac{7}{10} = \frac{1}{2}$$
$$?$$

④ Etwas kompliziertere Brüche ...

a) $\dfrac{3x+2}{2} - \dfrac{5x-1}{3} = 4$

b) $\dfrac{x+2}{4} - x = \dfrac{x+3}{3} + 6$

c) $\dfrac{3x-6}{2} - \dfrac{2x+3}{3} = 1$

d) $\dfrac{8x-6}{3} = \dfrac{3-2x}{5}$

e) $\dfrac{15x + 21 - 7x}{2} = \dfrac{13 + 6x + 32}{3}$

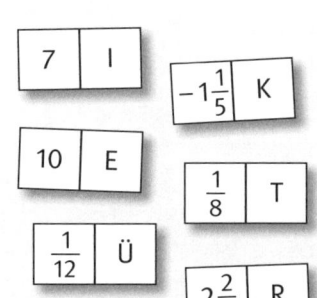

Heutzutage muss man in der Schule wirklich mit allem rechnen ...

Ja, sogar mit solch komplizierten Brüchen ...

Fehler-Check

❶ Berechne.

a) $\dfrac{2}{3} + \dfrac{1}{7} =$

b) $\quad + \dfrac{3}{8} = \dfrac{1}{32}$

c) $\dfrac{1}{9} - \quad = -\dfrac{20}{63}$

❷ Verbessere den Klassenarbeitsauszug von Seite 23.

❸ Das Gleichungsorakel spricht:
Die Lösungen verraten dir ein beliebtes Urlaubsziel ...

a) $\dfrac{3}{8} + 6x = \dfrac{5}{4} - x;\ x =$

b) $\dfrac{5}{6} + 2x = \dfrac{11}{12} + x;\ x =$

c) $\dfrac{2}{3}y - \dfrac{1}{3} = 1 - \dfrac{1}{2} + \dfrac{1}{6}y;\ y =$

d) $\dfrac{16}{3}z - \dfrac{2}{7} + \dfrac{17}{3}z = -\dfrac{30}{7} + \dfrac{23}{3}z;\ z =$

e) $\dfrac{x}{5} + \dfrac{3x}{2} = \dfrac{x-2}{4} + 15;\ x =$

f) $\dfrac{2x+7}{3} + \dfrac{3x-5}{4} - \dfrac{3x+1}{2} = 0;\ x =$

7	I

10	E

$\frac{1}{12}$	Ü

$-1\frac{1}{5}$	K

$\frac{1}{8}$	T

$2\frac{2}{3}$	R

	Fehler	0 – 2 Fehler	3 – 5 Fehler	mehr als 5 Fehler
		Super!	In Ordnung!	Bitte noch einmal üben!

Brüche fehlerfrei multiplizieren und dividieren

a) $\dfrac{x}{5} - \dfrac{2}{3} = \dfrac{1}{4}$ $\qquad | + \dfrac{2}{3}$

$\dfrac{x}{5} = \dfrac{1}{4} + \dfrac{2}{3}$ $\qquad |$ erweitern

$\dfrac{x}{5} = \dfrac{3}{12} + \dfrac{8}{12}$ $\qquad |$ zf.

$\dfrac{x}{5} = \dfrac{11}{12}$ $\qquad | \cdot 5$

$x = \dfrac{55}{60}$ ⎯⎯ **Rechenfehler**

b) $4x + \dfrac{1}{4} = \dfrac{14}{8}$ $\qquad | - \dfrac{1}{4}$

$4x = \dfrac{14}{8} - \dfrac{1}{4}$ $\qquad |$ erweitern

$4x = \dfrac{14}{8} - \dfrac{2}{8}$ $\qquad |$ zf.

$4x = \dfrac{12}{8}$ $\qquad | : 4$

$x = \dfrac{3}{2}$ ⎯⎯ **Rechenfehler** II

c) $x \cdot \left(\dfrac{2}{3} \cdot \dfrac{4}{9}\right) - 3 = 2$ $\qquad | + 3$

$x \cdot \left(\dfrac{\overset{1}{\cancel{2}}}{\underset{1}{\cancel{3}}} \cdot \dfrac{\overset{2}{\cancel{4}}}{\underset{3}{\cancel{9}}}\right) = 5$ ⎯⎯ **Rechenfehler**

$x \cdot \dfrac{2}{3} = 5$ $\qquad | \cdot 3$

$2x = 15$ $\qquad | : 2$

$x = 7{,}5$

d) $\dfrac{2}{5}x - \dfrac{2}{4} = \dfrac{1}{5}$ $\qquad | + \dfrac{2}{4}$

$\dfrac{2}{5}x = \dfrac{1}{5} + \dfrac{2}{4}$ $\qquad |$ erweitern I

$\dfrac{2}{5}x = \dfrac{4}{20} + \dfrac{10}{20}$ $\qquad |$ zf.

$\dfrac{2}{5}x = \dfrac{14}{20}$ $\qquad | : \dfrac{2}{5}$

$x = \dfrac{\overset{7}{\cancel{14}}}{\underset{\underset{5}{10}}{\cancel{20}}} : \dfrac{\overset{1}{\cancel{2}}}{5}$ I

$x = \dfrac{7}{25}$ **Rechenfehler**

Regeln

1. Ein Bruch wird **mit einer ganzen Zahl multipliziert,** indem man den **Zähler** mit der Zahl multipliziert und den Nenner beibehält.

   Beispiel: $\dfrac{2}{7} \cdot 3 = \dfrac{2 \cdot 3}{7} = \dfrac{6}{7}$

2. Ein Bruch wird **durch eine ganze Zahl dividiert,** indem man den **Nenner** mit der Zahl multipliziert und den Zähler beibehält.

   Beispiel: $\dfrac{4}{5} : 3 = \dfrac{4}{5 \cdot 3} = \dfrac{4}{15}$

3. Zwei Brüche werden miteinander **multipliziert**, indem man Zähler mit Zähler und Nenner mit Nenner multipliziert.

   Beispiel: $\dfrac{3}{8} \cdot \dfrac{5}{7} = \dfrac{3 \cdot 5}{8 \cdot 7} = \dfrac{15}{56}$

4. Man **dividiert** durch einen Bruch, indem man mit dem Kehrbruch des Bruches multipliziert.

   Beispiel: $\dfrac{2}{9} : \dfrac{3}{7} = \dfrac{2}{9} \cdot \dfrac{7}{3} = \dfrac{2 \cdot 7}{9 \cdot 3} = \dfrac{14}{27}$

Tipp | Bevor man multipliziert, sollte man prüfen, ob man **kürzen** kann. Wenn die beiden Faktoren unterschiedliche Vorzeichen haben, ist das Ergebnis negativ.

Beispiele:

$$\dfrac{3}{8} \cdot 4 = \dfrac{3 \cdot \overset{1}{\cancel{4}}}{\underset{2}{\cancel{8}}} = \dfrac{3}{2}; \quad \dfrac{17}{18} : (-51) = \dfrac{\overset{1}{\cancel{17}}}{18 \cdot \underset{-3}{(\cancel{-51})}} = -\dfrac{1}{54}; \quad \dfrac{\overset{1}{\cancel{12}}}{\underset{3}{\cancel{21}}} \cdot \dfrac{\overset{1}{\cancel{7}}}{\underset{2}{\cancel{24}}} = \dfrac{1}{6}$$

Übungen

1 Fülle die Kästchen aus.

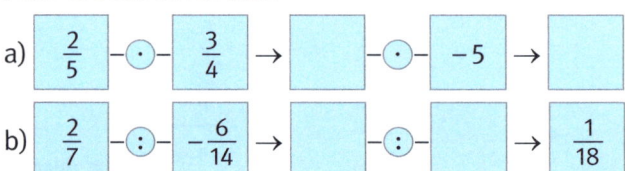

a) $\dfrac{2}{5}$ –($\cdot$)– $\dfrac{3}{4}$ → ☐ –($\cdot$)– -5 → ☐

b) $\dfrac{2}{7}$ –($:$)– $-\dfrac{6}{14}$ → ☐ –($:$)– ☐ → $\dfrac{1}{18}$

2 Löse die Gleichungen im Heft.

a) $\dfrac{2}{25}x - \dfrac{3}{5} = \dfrac{7}{5}$

b) $3 + \dfrac{4}{3}x = 27$

c) $-\dfrac{3}{5} + \dfrac{3}{4}x = \dfrac{13}{10}$

d) $\dfrac{1}{6} - 2x = -\dfrac{5}{2}$

e) $2x - 1\dfrac{3}{4} = -\dfrac{13}{12}$

f) $\dfrac{9}{4}x - 3\dfrac{1}{2} = -\dfrac{2}{5}x - \dfrac{17}{20}$

g) $\dfrac{1}{3}x + 2x = \dfrac{1}{4}x + 50$

h) $\dfrac{2}{3}x + 2\dfrac{1}{3} + \dfrac{3}{4}x - 1\dfrac{1}{4} = 1\dfrac{1}{2}x + \dfrac{1}{2}$

3 Der Umfang der dargestellten Figur ist bekannt.
Berechne die gesuchte Größe x im Heft mithilfe einer Gleichung.

a) x =   b) x =

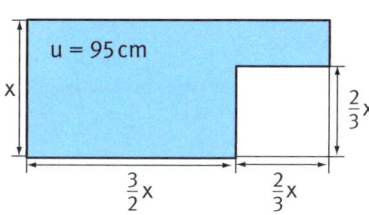

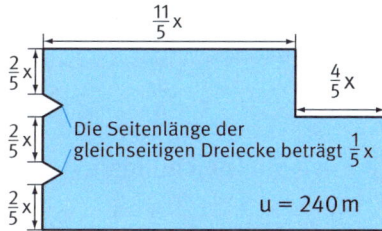

4 Abgebildet ist eine Hausfassade.
a) Die Fassadenfläche (inklusive Fenster und Tür) beträgt 45,5 m². Wie breit ist das Haus in diesem Fall?
b) Nun beträgt die reine Fassadenfläche (ohne Tür und drei gleich große Fenster) 53,55 m². Berechne x.

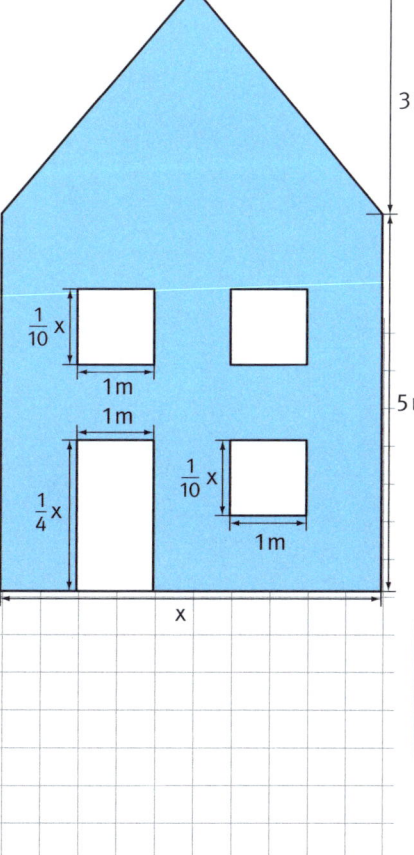

Fehler-Check

1 Berechne im Kopf.

a) $\dfrac{3}{7} \cdot \quad = \dfrac{3}{28}$

b) $\quad \cdot (-3) = \dfrac{1}{3}$

c) $\dfrac{2}{11} \cdot \dfrac{33}{8} =$

d) $\quad : \dfrac{4}{3} = \dfrac{9}{20}$

e) $-\dfrac{1}{3} : \quad = -\dfrac{2}{21}$

f) $\quad : \left(-3\dfrac{1}{8}\right) = \dfrac{1}{10}$

2 Löse die Gleichungen.

a) $7x - \dfrac{3}{5}x - \dfrac{3}{5} = -1$

b) $16 - \dfrac{1}{6}x + \dfrac{4}{3} = 10$

c) $21 - \dfrac{1}{3}x = \dfrac{4}{5}x + 4$

3 Korrigiere die Klassenarbeit von Seite 27.

	Fehler	0 – 2 Fehler	3 – 5 Fehler	mehr als 5 Fehler
		Super!	In Ordnung!	Bitte noch einmal üben!

Wie aus Brüchen Bruchterme werden

1. Gib die Definitionsmenge des Bruchterms an. Es sei $G = \mathbb{Q}$.

   a) $\dfrac{2}{x+1}$ $D = \{-1\}$ **Symbolfehler** b) $\dfrac{4}{x-7}$ $D = \mathbb{Q}\backslash\{-7\}$ **‖**

   Vorzeichenfehler

   c) $\dfrac{3x}{2x+5}$ $D = \mathbb{Q}\backslash\{-5\}$ **Rechen-fehler** d) $\dfrac{x-3}{x^2-4}$ $D = \mathbb{Q}\backslash\{2\}$ **‖**

   unvollständig

2. Gib die Hauptnenner der Bruchterme an.

   a) $\dfrac{2}{x}$; $\dfrac{x}{4}$; $\dfrac{1}{x+4}$ $HN = x+4$ **Denkfehler** **❘**

   b) $\dfrac{4-x}{x+1}$; $\dfrac{7}{x-1}$ $HN = x^2-2x+1$ **Rechenfehler** **❘**

   c) $\dfrac{3x}{2x+6}$; $-\dfrac{11}{4x+8}$ $HN = 4x+8$ **Denkfehler** **❘**

   d) $\dfrac{2x+7}{x^2-9}$; $\dfrac{4}{2x-6}$ $HN = (x^2-9)(2x-6)$ **nicht der kleinste HN** **❘**

3. Berechne. **Denkfehler**

   a) $\dfrac{3}{x+2} + \dfrac{4x}{x+3} = \dfrac{3+4x}{x+2+x+3} = \dfrac{3+4x}{2x+5}$ **❘**

   b) $\dfrac{x^2-9}{12} \cdot \dfrac{24x}{x+3} = \dfrac{x-3}{1} \cdot \dfrac{2x}{2} = \dfrac{2x^2-6x}{2}$ **‖**

   Rechenfehler

Regeln

1. Terme, bei denen in mindestens einem Nenner eine Variable vorkommt, nennt man Bruchterme.

   Beispiele: $\dfrac{7x^2-8x+15}{9}$ ist kein Bruchterm;

   $\dfrac{3}{x}$; $-\dfrac{2}{x^2+7}$ sind Bruchterme

2. Als **Grundmenge** (G) bezeichnet man diejenige Zahlenmenge, die man für die Belegung der Variablen zugrunde legt. Wenn keine andere Grundmenge angegeben ist, nimmt man die umfassendste Zahlenmenge, also die reellen Zahlen ($\mathbb{R}$)*.

   Beispiele: $G = \mathbb{N} = \{0; 1; 2;...\}$ $G = \mathbb{Z} = \{...;-2; -1; 0; 1; 2; ...\}$

---

* Wenn du die reellen Zahlen $\mathbb{R}$ noch nicht kennengelernt hast, dann nimmst du einfach immer $\mathbb{Q}$ statt $\mathbb{R}$.

3. Da die Division durch null nicht definiert ist, dürfen alle Zahlen, für die der Nenner null werden würde, nicht eingesetzt werden. Alle zulässigen Zahlen der Grundmenge bilden die sogenannte **Definitionsmenge**.

Beispiele:

a) $\dfrac{2}{x-5}$; $G = \mathbb{Q}$.

Da der Nenner für $x = 5$ null werden würde, gilt: $D = \mathbb{Q} \setminus \{5\}$
(lies: „Die Definitionsmenge sind alle rationalen Zahlen außer 5.")

b) $\dfrac{-4x}{x+4}$; $G = \mathbb{N}$. Der Nenner würde für $x = -4$ null werden.

Da $x = -4 \notin \mathbb{N}$ ist, gibt es keine Einschränkung. $D = \mathbb{N}$

4. Für das Rechnen mit Bruchtermen gelten die gleichen Regeln wie für das Rechnen mit Brüchen (vgl. Seite 23 und Seite 27 f.). Das heißt, für Addition und Subtraktion muss man einen Hauptnenner bestimmen.

Beispiel:

$$\dfrac{-0{,}5}{3x} + \dfrac{x-4}{x+1}; \quad HN = 3x \cdot (x+1)$$

$$\dfrac{-0{,}5 \cdot (x+1)}{3x \cdot (x+1)} + \dfrac{(x-4) \cdot 3x}{(x+1) \cdot 3x} = \dfrac{-0{,}5x - 0{,}5 + 3x^2 - 12x}{3x \cdot (x+1)} = \dfrac{3x^2 - 12{,}5x - 0{,}5}{3x \cdot (x+1)}$$

Tipp | Den Hauptnenner kannst du leicht finden, wenn du die einzelnen Nenner so weit wie möglich **faktorisierst**, die passenden Faktoren untereinanderschreibst und dann den Hauptnenner ermittelst.

Beispiel für eine Faktorisierung:

Der Hauptnenner von $\dfrac{3}{3x-12}$; $\dfrac{6x}{6x+24} + \dfrac{x}{x^2-16}$ ist gesucht.

$$3x - 12 = \quad 3 \cdot (x-4)$$
$$6x + 24 = 2 \cdot 3 \cdot \quad (x+4)$$
$$\underline{x^2 - 16 = \quad (x-4) \cdot (x+4)}$$
$$HN = 2 \cdot 3 \cdot (x-4) \cdot (x+4) = 6(x-4)(x+4)$$

Übungen

❶ Welche dieser Terme sind Bruchterme?

a) $\dfrac{6x^2-5}{x+2}$
b) $\dfrac{4x+7}{25}$
c) $\dfrac{3x+5}{4a}$
d) $\dfrac{4a+7b}{3+\sqrt{5}}$

② Gib die Definitionsmenge an. Achte auf die Grundmenge!

a) $\dfrac{3}{x+1}$; $G = \mathbb{Q}$; $D =$ 　　　　　

b) $\dfrac{x+2}{4x}$; $G = \mathbb{Q}$; $D =$ 　　　　　

c) $\dfrac{9}{(z+4)(z-3)}$; $G = \mathbb{R}$; $D =$ 　　　　

d) $\dfrac{5}{x^2+4}$; $G = \mathbb{R}$; $D =$ 　　　　

e) $\dfrac{-7}{a(a-5)}$; $G = \mathbb{Q}$; $D =$ 　　　　

f) $\dfrac{4-3x}{x^2-16}$; $G = \mathbb{N}$; $D =$ 　　　　

g) $\dfrac{b^2-4b+10}{b^2+12b}$; $G = \mathbb{Q}$; $D =$ 　　　

h) $\dfrac{x+4}{x^2-6x+8}$; $G = \mathbb{N}$; $D =$ 　　　

③ Bestimme den Hauptnenner (kleinster gemeinsamer Nenner).

a) $\dfrac{3}{x}$; $\dfrac{2x-5}{5x}$; $HN =$ 　　　　

b) $\dfrac{2-a}{a+1}$; $\dfrac{4a+6}{a}$; $HN =$ 　　　　

c) $\dfrac{u+2}{u-1}$; $\dfrac{3u}{u+1}$; $HN =$ 　　　　

d) $\dfrac{1{,}5u}{3u+6}$; $\dfrac{7-u}{3u}$; $HN =$ 　　　　

e) $\dfrac{8}{x^2-64}$; $\dfrac{12}{2x+16}$; $HN =$ 　　　

f) $\dfrac{2-3x}{1-x^2}$; $\dfrac{x}{2x+2}$; $HN =$ 　　　

Regel

5. Bruchterme kann man, wie Brüche auch, erweitern oder kürzen.
Steht im Zähler und/oder Nenner eine Summe/Differenz, muss man
mit Klammern arbeiten. Außerdem kann das Erweitern oder Kürzen
die Definitionsmenge verändern.

Beispiele:

a) Der Term $\dfrac{3+x}{x+2}$ mit $D = \mathbb{R}\backslash\{-2\}$ soll mit $x-2$ erweitert werden.

Es ergibt sich $\dfrac{(3+x)\cdot(x-2)}{(x+2)\cdot(x-2)} = \dfrac{x^2+x-6}{x^2-4}$ mit $D = \mathbb{R}\backslash\{\pm 2\}$.

Die Äquivalenz $\dfrac{3+x}{x+2} = \dfrac{x^2+x-6}{x^2-4}$ gilt also nur für $D = \mathbb{R}\backslash\{\pm 2\}$.

b) Der Term $\dfrac{x-1}{2x^2-2}$ mit $D = \mathbb{R}\backslash\{\pm 1\}$ soll so weit wie möglich gekürzt

werden. Da man nur aus Produkten kürzen darf, muss zunächst

faktorisiert werden: $\dfrac{x-1}{2\cdot(x^2-1)} = \dfrac{x-1}{2\cdot(x+1)\cdot(x-1)}$

Jetzt kann man kürzen: $\dfrac{\overset{1}{(x-1)}}{2\cdot(x+1)\cdot\underset{1}{(x-1)}} = \dfrac{1}{2\cdot(x+1)}$ mit $D = \mathbb{R}\backslash\{-1\}$

❹ Erweitere auf den angegebenen Nenner.
Für welche Definitionsmenge gilt die Äquivalenz?

a) $\dfrac{3}{2x} = \dfrac{}{-8x}$; $D = $

b) $\dfrac{1}{x-2} = \dfrac{}{x^2-2x}$; $D = $

c) $\dfrac{7}{x+2} = \dfrac{}{x^2-4}$; $D = $

d) $\dfrac{3x}{2+x} = \dfrac{}{x^2-2x-8}$; $D = $

❺ Kürze den angegebenen Term so weit wie möglich. Gib auch hier die Definitionsmenge an, für welche die Äquivalenz gilt.

a) $\dfrac{12x}{36x^2} = \underline{}$; $D = $

b) $\dfrac{5x}{x \cdot (x+3)} = \underline{}$; $D = $

c) $\dfrac{4x^2}{x^2+6x} = \underline{} = \underline{}$; $D = $

d) $\dfrac{x-6}{2\,(x^2-36)} = \underline{} = \underline{}$; $D = $

e) $\dfrac{2x^2-50}{x+5} = \underline{} = \underline{}$; $D = $

f) $\dfrac{9x^3-x}{1+3x} = \underline{} = \underline{}$; $D = $

❻ Berechne im Heft. Achte bei Addition und Subtraktion auf den Hauptnenner und denke bei Multiplikation und Division daran, zu kürzen.

a) $\dfrac{6}{x} + \dfrac{3-x}{x+2}$

b) $\dfrac{1}{3-3x} - \dfrac{2}{1-x}$

c) $\dfrac{3}{x+1} + \dfrac{2}{x-1}$

d) $\dfrac{x}{7x^2-28} - \dfrac{1}{3x+6}$

e) $\dfrac{2}{4b} \cdot \dfrac{5}{2{,}5b}$

f) $\dfrac{3}{x^2} : \dfrac{6}{x}$

g) $\dfrac{x^2}{2x+8} \cdot \dfrac{x+4}{3x}$

h) $\dfrac{x-2}{4+x} : \dfrac{2x-4}{4-x}$

i) $\dfrac{x-7}{3x+9} \cdot \dfrac{x+3}{2x^2-98}$

j) $\dfrac{x^3-x}{x^2+4x+4} : \dfrac{x^2-1}{2x+4}$

Fehler-Check

1 Gib die Definitionsmenge an ($G = \mathbb{R}$).

a) $\dfrac{6x}{x - 2{,}5}$; $D =$

b) $\dfrac{-2}{x^2 - 6x + 9} = \dfrac{-2}{}$; $D =$

c) $\dfrac{x - 5}{x^2 - 9} = \dfrac{x - 5}{}$; $D =$

d) $\dfrac{7 - x}{x^3 - 49x} = \dfrac{7 - x}{}$; $D =$

2 Bestimme den fehlenden Zähler oder Nenner.

a) $\dfrac{x + 3}{5x} = \dfrac{}{15x^2}$

b) $\dfrac{3}{x - 2} = \dfrac{-12x}{}$

c) $\dfrac{}{1 - x} = \dfrac{x^3 - 4x}{x - x^2}$

d) $\dfrac{a + 5}{a - 2} = \dfrac{a^2 + 10a + 25}{}$

e) $\dfrac{x - 3}{4x} = \dfrac{x^2 + 9x - 36}{}$

f) $\dfrac{11 - x}{} = \dfrac{-x^2 + 9x + 22}{x^2 + 1{,}5x - 1}$

3 Berechne.

a) $\dfrac{4}{8x} - \dfrac{3}{6x} + \dfrac{11}{24x} =$

b) $\dfrac{5}{x + 1} - \dfrac{3}{x - 1} =$

c) $\dfrac{4x^2}{x^2 - 9} - \dfrac{2x}{x + 3} + \dfrac{x}{x - 3} =$

d) $\dfrac{x}{a^2 - b^2} : \dfrac{2x}{a + b} =$

e) $\dfrac{-2a^2 + 2b^2}{4 \cdot (a + b)} \cdot \dfrac{a^2 + 2ab + b^2}{a - b} =$

f) $\dfrac{3x - 1}{x^2 - 1} : \dfrac{1 - 3x}{4 - 4x} =$

	Fehler	0 – 2 Fehler	3 – 5 Fehler	mehr als 5 Fehler
		Super!	In Ordnung!	Bitte noch einmal üben!

Bruchgleichungen systematisch lösen

Gib die Definitions- und die Lösungsmenge an.

a) $\dfrac{5}{4x} = 10$ b) $\dfrac{x+6}{x-5} = \dfrac{11}{x-5}$ c) $\dfrac{3}{x+2} - 1 = \dfrac{2}{x-1} - \dfrac{x^2}{(x+2)(x-1)}$

Klammer vergessen

a) $\dfrac{5}{4x} = 10$ $D = \mathbb{R} \setminus \{-4\}$ b) $\dfrac{x+6}{x-5} = \dfrac{11}{x-5}$ $| \cdot x - 5$ **II**

 **Denkfehler**

$\dfrac{5}{4x} = 10$ $| : 5$ $x + 6 = 11$ $| - 6$

Denk- $4x = 2$ $| : 4$ $x = 5$ $L = \{5\}$ **II**
fehler

$x = \dfrac{1}{2}$ $L = \left\{\dfrac{1}{2}\right\}$ **Definitionsmenge nicht beachtet**

c) $\dfrac{3}{x+2} - 1 = \dfrac{2}{x-1} - \dfrac{x^2}{(x+2)(x-1)}$ $D = \mathbb{R} \setminus \{1; 2\}$ **I**

$HN = (x+2)(x-1)$ **Vorzeichenfehler**

$\dfrac{3}{x+2} - 1 = \dfrac{2}{x-1} - \dfrac{x^2}{(x+2)(x+1)}$ $|$ erweitern auf HN

$\dfrac{3(x-1)}{(x+2)(x-1)} - 1 = \dfrac{2(x+2)}{(x+2)(x-1)} - \dfrac{x}{(x+2)(x-1)}$ $| \cdot HN$

$3(x-1) - 1 = 2(x+2) - x^2$ **Rechenfehler**   **I**

$3x - 3 - 1 = 2x + 4 - x^2$ $| zf.$

$3x - 4 = 2x + 4 - x^2$ $| - 2x + 4 + x^2$

$x = 8$ $L = 6$ **II**

Rechenfehler   **Symbolfehler**

Regeln

1. Gleichungen, bei denen die Variable auch im Nenner vorkommt, heißen **Bruchgleichungen**.

2. Wie auch bei Bruchtermen, ist es wichtig, die **Definitionsmenge** anzugeben.

3. Bruchgleichungen löst man am besten nach folgendem Plan:
   ① Definitionsmenge (D) angeben.
   ② Hauptnenner (HN) ermitteln (vgl. Tipp Seite 32).
   ③ Alle Brüche auf den Hauptnenner erweitern.
      (Klammern nicht vergessen!)
   ④ Gleichung mit dem Hauptnenner multiplizieren.
   ⑤ Lösen der Gleichung.
   ⑥ Prüfen, ob die ermittelte Lösung zur Definitionsmenge gehört.
   ⑦ Angeben der Lösungsmenge (L).

Beispiele:

a) $1 + \dfrac{8}{x^2 - 4} = \dfrac{x}{x + 2}$ $D = \mathbb{R} \setminus \{\pm 2\}$ ①

Hauptnenner: $x^2 - 4 = (x + 2)(x - 2)$

$$\underline{\qquad x + 2 = (x + 2) \qquad}$$

$$HN = (x + 2) \cdot (x - 2) \text{ ②}$$

$$1 + \frac{8}{x^2 - 4} = \frac{x}{x + 2} \quad | \text{ erweitern auf HN}$$

$$\frac{1 \cdot (x + 2) \cdot (x - 2)}{(x + 2) \cdot (x - 2)} + \frac{8}{(x + 2) \cdot (x - 2)} = \frac{x \cdot (x - 2)}{(x + 2) \cdot (x - 2)} \quad | \cdot HN \text{ ③, ④}$$

$$1 \cdot (x + 2) \cdot (x - 2) + 8 = x \cdot (x - 2)$$

$$x^2 - 4 + 8 = x^2 - 2x \qquad | \text{zf.}$$

$$x^2 + 4 = x^2 - 2x \qquad | -x^2$$

$$4 = -2x \qquad | : (-2) \text{ ⑤}$$

Achtung: $x = -2 \notin D$ ⑥ $\Rightarrow L = \{\ \}$ ⑦

b) $\dfrac{5}{x - 4} + \dfrac{2}{x + 4} = \dfrac{6x}{x^2 - 16}$ $D = \mathbb{R} \setminus \{\pm 4\}$

$HN = (x + 4) \cdot (x - 4)$

$$\frac{5}{x - 4} + \frac{2}{x + 4} = \frac{6x}{x^2 - 16} \quad | \text{erweitern auf HN}$$

$$\frac{5 \cdot (x + 4)}{(x - 4) \cdot (x + 4)} + \frac{2 \cdot (x - 4)}{(x + 4) \cdot (x - 4)} = \frac{6x}{x^2 - 16} \quad | \cdot HN$$

$$5 \cdot (x + 4) + 2 \cdot (x - 4) = 6x$$

$$5x + 20 + 2x - 8 = 6x \qquad | \text{zf.}$$

$$7x + 12 = 6x \qquad | -7x$$

$$12 = -x \qquad | \cdot (-1)$$

$$x = -12$$

$-12 \in D \Rightarrow L = \{-12\}$

Übungen

1 Löse im Kopf.

a) $\frac{3}{x} = 5$; D = _____; L = _____

b) $\frac{1}{2x} = 4$; D = _____; L = _____

c) $\frac{5}{x} = 0$; D = _____; L = _____

d) $\frac{1}{5x} = \frac{1}{5}$; D = _____; L = _____

e) $\frac{-0,5}{x} = -\frac{1}{4}$; D = _____; L = _____

f) $\frac{6}{x+2} = 2$; D = _____; L = _____

Tipp | Gleichungen der Form $\frac{Z_1}{N_1} = \frac{Z_2}{N_2}$ lassen sich auch schnell lösen, indem man **über Kreuz multipliziert**. Dabei wird der Nenner des einen Bruches mit dem Zähler des anderen multipliziert und umgekehrt. Also: $Z_1 \cdot N_2 = Z_2 \cdot N_1$.

Beispiel: $\frac{3x}{x-2} = \frac{9x+2}{3x-5}$ | Multiplizieren über Kreuz; $D = \mathbb{R} \setminus \left\{ \frac{5}{3}; 2 \right\}$

$$3x \cdot (3x - 5) = (9x + 2) \cdot (x - 2)$$
$$9x^2 - 15x = 9x^2 - 16x - 4 \quad |-9x^2 + 16x$$
$$x = -4 \qquad\qquad -4 \in D \implies L = \{-4\}$$

2 Löse mit der Multiplikation über Kreuz.

a) $\frac{2}{x} = \frac{5}{x-2}$

b) $\frac{10}{x+3} = \frac{2}{x-1}$

c) $\frac{4}{3x+2} = \frac{-2}{x-0,5}$

d) $\frac{1}{x} + \frac{6}{4+x} = 0$

e) $\frac{5}{x+2} - \frac{12}{4x+8} = 0$

f) $\frac{1,2}{1,5x-3} - \frac{6,6}{6-3x} = 0$

3 Achte beim Multiplizieren über Kreuz darauf, Klammern zu setzen.

a) $\frac{x}{x^2-4} = \frac{2}{2x+4}$

b) $\frac{x+1}{x-2} = \frac{x+3}{x+2}$

c) $\frac{x+5}{3x} = \frac{x-2}{3x+8}$

d) $\frac{2}{x-2,5} = \frac{2x+4}{x^2-16}$

e) $\frac{4x}{x^2+3x+2} = \frac{8}{2x+5}$

f) $\frac{2x-3,5}{3-x} = \frac{-4x}{5+2x}$

Tipp | Manchmal haben Gleichungen eine allgemeine Lösung (wenn sie sich auf $0 = 0$ umformen lassen). Dann gilt L = D. Manchmal sind sie auch gar nicht lösbar, nämlich dann, wenn die Äquivalenzumformungen zu einem Widerspruch führen (z. B. $-1 = 5$). Dann gilt: L = { }.

4 Manchmal helfen auch die besten Tricks nicht weiter ...
Bestimme Definitions- und Lösungsmenge.

a) $\dfrac{x+1}{x-1} - \dfrac{x-1}{x+1} = \dfrac{4x}{x^2-1}$

b) $\dfrac{12}{(x-2)\cdot(x+3)} = \dfrac{2}{x-2} - \dfrac{3}{x+3}$

c) $\dfrac{2x}{x-4} - \dfrac{3x-5}{3x-12} = \dfrac{x^2-9}{x^2-16}$

d) $1 - \dfrac{x+6}{2x-4} = \dfrac{0{,}5x^2}{x^2-4x+4}$

Fehler-Check

1 Ordne den Gleichungen aus der mittleren Spalte die richtige
Definitions- und Lösungsmenge zu.

a)	$D = \mathbb{R}\backslash\{0\}$ ☐	☐	$\dfrac{3}{x} = 6$	☐	☐ $L = \{10\}$
b)	$D = \mathbb{R}\backslash\{4\}$ ☐	☐	$\dfrac{-2}{3x} = -\dfrac{1}{3}$	☐	☐ $L = \{0{,}5\}$
c)	$D = \mathbb{R}\backslash\{0\}$ ☐	☐	$\dfrac{6}{x-4} = 1$	☐	☐ $L = \{3\}$
d)	$D = \mathbb{R}\backslash\{-1\}$ ☐	☐	$\dfrac{4x}{x+1} = 3$	☐	☐ $L = \{2\}$

2 Löse möglichst geschickt und bestimme Definitions- und Lösungsmenge.

a) $\dfrac{1}{2x} = \dfrac{5}{3x+12}$ D =   L =

b) $\dfrac{6}{2x-3} = \dfrac{2}{4+x}$ D =   L =

c) $\dfrac{x}{x-2} = \dfrac{4}{7}$ D =   L =

d) $\dfrac{3x+5}{2x+6} = \dfrac{4{,}5x+2}{3x-6}$ D =   L =

3 Korrigiere die Klassenarbeit von Seite 36.

	Fehler	0 – 2 Fehler	3 – 5 Fehler	mehr als 5 Fehler
		Super!	In Ordnung!	Bitte noch einmal üben!

Textgleichungen richtig lösen

Löse mithilfe einer Gleichung.

a) Subtrahiert man vom Zweifachen einer Zahl 4, so erhält man 8.

b) Multipliziert man eine Zahl mit 8 und addiert 96, so erhält man das Gleiche wie die Summe aus 42 und der Gegenzahl der gesuchten Zahl.

c) Ich denke mir eine Zahl, vergrößere sie um 3, multipliziere das Ergebnis mit 6 und subtrahiere noch 7. Ich erhalte 47.

a)
$$4 - 2x = 8 \quad | -4$$
$$-2x = 4 \quad | : (-2)$$
$$x = -2$$

b)
$$x \cdot (8 + 96) = 42 + x$$
$$8x + 96x = 42 + x \quad | -x$$
$$103x = 42 \quad | : 103$$
$$x = 0{,}41$$

c)
$$x + 3 \cdot 6 - 7 = 53 \quad |||||$$
$$x + 18 - 7 = 53$$
$$x + 11 = 53$$
$$x = 42$$

Regeln

1. Bei **Zahlenrätseln** geht es darum, die Aussagen des Textes in eine Gleichung zu „übersetzen" und diese dann zu lösen. Gehe so vor:
   ① Lies den kompletten Aufgabentext durch.
   ② Bezeichne die gesuchte Größe mit einer Variablen (z. B. mit x).
   ③ Wandle die einzelnen Angaben in Terme um.
   ④ Stelle mit den einzelnen Termen eine Gleichung auf und löse sie.
   ⑤ Überprüfe das Ergebnis durch Einsetzen.
   ⑥ Gib die Lösung an bzw. beantworte die Frage.

2. Bei **Altersrätseln** ist es meist sinnvoll, das Alter der jüngsten Person mit x zu belegen. Außerdem kann es hilfreich sein, die einzelnen Terme tabellarisch aufzustellen.

3. **Mischungsaufgaben** kannst du ebenfalls mit einer tabellarischen Auflistung der einzelnen Terme lösen. Schreibe dabei zunächst die Mengen der einzelnen Lösungen/Mischungen und dann die Mengen des reinen Stoffes (Zucker, Alkohol, Säure, Gold ...) auf.
   Umrechnung: $3\,l$ 45 %iger Alkohol sind $0{,}45 \cdot 3\,l = 1{,}35\,l$ reiner Alkohol.

Beispiel für Zahlenrätsel: Subtrahiert man von einer Zahl 6 und multipliziert das Ergebnis mit 5, so erhält man das Dreifache der Zahl.

Lösung: ① Durchlesen. ② Die gesuchte Zahl soll x sein.

③

Aussage	„Übersetzung"
Subtrahiert man von einer Zahl 6	$x - 6$
und multipliziert das Ergebnis mit 5,	$(x - 6) \cdot 5$ *(Klammer setzen!)*
erhält man	$(x - 6) \cdot 5 =$
das Dreifache der Zahl	$(x - 6) \cdot 5 = \mathbf{3x}$

④ Die Lösung ist 15.

⑤ Die Probe liefert: $(15 - 6) \cdot 5 = 3 \cdot 15$ und das stimmt, denn $45 = 45$.

⑥ Die gesuchte Zahlt ist 15.

Beispiel für Altersrätsel: Markus ist 5 Jahre älter als Nora.
Vor 8 Jahren war Markus doppelt so alt wie Nora.

Lösung:

①, ②, ③	Alter von Nora	Alter von Markus
heute	x	x + 5
vor 8 Jahren	x − 8	$(x + 5) - 8 = x - 3$

④ Mit der Angabe „doppelt so alt" kann man eine Gleichung aufstellen:
$x - 3 = 2 \cdot (x - 8) \Rightarrow x = 13$

⑤ $13 - 3 = 2 \cdot (13 - 8) \Rightarrow 10 = 2 \cdot (5) \Rightarrow 10 = 10$; die Aussage ist wahr.

⑥ Nora ist 13, Markus 18 Jahre alt.

Beispiel für eine Mischungsaufgabe: Wie viel Gramm Gold vom Feingehalt 833 (833‰ Goldgehalt) muss ein Goldschmied mit Gold vom Feingehalt 585 mischen (legieren) um 200 Gramm Gold vom Feingehalt 750 zu erhalten?

Lösung:

	833er-Gold	585er-Gold	750er-Gold
Menge der Legierung	x g	(200 − x) g	200 g
Menge reines Gold	$0{,}833 \cdot x$ g	$0{,}585 \cdot (200 - x)$ g	$0{,}75 \cdot 200 = 150$ g

Die Gleichung $0{,}833x + 0{,}585 \cdot (200 - x) = 150$ liefert die (gerundete) Lösung $x \approx 133$. Der Goldschmied muss also ca. 133 g 833er-Gold mit $(200 - 133) = 67$ g 585er-Gold mischen.

Übungen

1 Wie heißen die gesuchten Zahlen? Rechne im Heft.
a) Addiert man zum Dreifachen einer Zahl 6, so erhält man 8.
b) Subtrahiert man von 12 das Doppelte einer Zahl, so erhält man 18.
c) Multipliziert man die Summe aus einer Zahl und 3 mit 3, so ergibt sich dasselbe wie wenn man zu der Zahl 16 addiert.
d) Dividiert man die Summe aus einer Zahl und 12 durch 4 so erhält man 21.
e) Addiert man den dritten und vierten Teil einer Zahl, so erhält man 22 mehr als den achten Teil der Zahl.

2 Wer ist wie alt? Rechne im Heft.
a) Hermann ist heute dreimal so alt wie sein Sohn Georg und sechsmal so alt, wie Georg vor sechs Jahren war.
b) Frau Nom war vor 6 Jahren siebenmal so alt wie ihr Sohn Bi. Heute ist sie nur noch dreimal so alt. Wie alt sind die beiden heute?
c) Herr Herb und sein Sohn sind zusammen 98 Jahre alt. Vor 5 Jahren war Herr Herb dreimal so alt wie sein Sohn. Wie alt sind die beiden heute?
d) An seinem 50. Geburtstag stellt ein Vater fest, dass er genauso alt ist, wie seine drei Kinder Anton, Berta und Christian. Berta ist 6 Jahre älter als Christian, der grade halb so alt ist wie Anton. Wie alt sind die drei Kinder?

3 Die richtige Mischung macht's …
Rechne im Heft.
a) Wie viel Gramm Sterlingsilber (mit 935 ‰ Silbergehalt) muss man mit 800er-Silber mischen, um 300 Gramm 835er-Silber zu bekommen?
b) Wie viel Liter 10 %iger Schwefelsäure musst du mit 3 l 80 %iger Schwefelsäure mischen, um 30 %ige Schwefelsäure zu erhalten?
c) Wie viel Liter 15 %igen Alkohol musst du mit 11 %igem Alkohol mischen, um insgesamt 25 l 13 %igen Alkohol zu bekommen?

Tipp | Folgende Begriffe musst du der richtigen mathematischen Operation zuordnen können. Lege selbst eine solche Tabelle an.

Schlüsselbegriffe	Operation
addiert man, vermehrt man, die Summe von, um ... größer	+
subtrahiert man, die Differenz, vermindert man, um ... kleiner	−
das Vielfache, multipliziert man, das Produkt aus	·
dividiert man, der ... Teil, der Quotient	:

Fehler-Check

1 Korrigiere die Aufgaben aus der Klassenarbeit auf Seite 40.

2 Stelle eine Gleichung auf und löse sie. Rechne im Heft.
   a) Verdoppelst du die Summe aus einer Zahl und 5, so erhältst du 55.
   b) Petras Mutter ist heute achtmal so alt wie sie selbst. In drei Jahren ist sie fünfmal so alt wie Petra. Wie alt sind die beiden?
   c) Ahmed ist heute dreimal so alt wie sein Neffe Mehmet. Vor 7 Jahren waren beide zusammen 70 Jahre. Wie alt sind die beiden heute?

3 Wenn das dein Chemielehrer wüsste ... Rechne im Heft.
   a) Du willst 20%ige Salzsäure mit 80%iger Salzsäure zu 8 Liter 30%iger Salzsäure mischen. Wie viel brauchst du von jeder Säure?
   b) Du mischt 8 Liter 60%ige Zuckerlösung mit 2 Litern 40%iger Zuckerlösung. Wie viel Prozent beträgt der Zuckergehalt der Mischung?

Fehler	0 – 2 Fehler	3 – 5 Fehler	mehr als 5 Fehler
	Super!	In Ordnung!	Bitte noch einmal üben!

Gleichungen mit Formvariablen lösen

Löse die Gleichung nach x auf. Welche Einschränkungen gelten für die Formvariablen (Parameter)? Es sei $G = \mathbb{Q}$.

a) $a^2 \cdot x + 3 = 5$ b) $a^2 x + 4x = 28$

a) $a^2 \cdot x + 3 = 5 \quad | -3$

$\qquad a^2 x = 2 \quad | : a^2$

$\qquad x = \dfrac{2}{a^2}$

$\Rightarrow L = \left\{ \dfrac{2}{a^2} \right\}$ keine Einschränkung da $a^2 > 0$ **Denkfehler** |

b) $a^2 \cdot x + 4x = 28 \quad | x$ ausklammern

$\quad x \cdot (a^2 + 4) = 28$

Für $(a^2 + 4) \neq 0$ darf dividiert werden, also wenn $a \neq -2$ **Denkfehler** |

$\qquad x = \dfrac{28}{a^2 + 4}; \; L = \left\{ \dfrac{28}{a^2 + 4} \right\}$ für $a \neq -2$

Für $a = -2$: $0 = 28$; $L = \{ \; \}$ |

Folgefehler

Regeln

Kommen in Gleichungen mehrere Variablen vor, dann ist meistens x die Lösungsvariable, die anderen Buchstaben sind sogenannte **Form-variablen** oder **Parameter**. Sie sind Platzhalter für Zahlen.
Beim Lösen solcher Gleichungen ist auf Folgendes zu achten:

1. Es gelten prinzipiell die gleichen Regeln wie bei „normalen" Gleichungen auch (Klammer auflösen, Äquivalenzumformungen etc.).

2. Da nicht durch null dividiert werden darf, kann es sein, dass man **Fallunterscheidungen** für die Formvariablen durchführen muss.

3. Kommen Terme mit x vor, die sowohl Zahlen als auch Formvariablen enthalten, isoliert man alle Terme mit x auf einer Seite und klammert dann x aus. Anschließend kann durch die Klammer dividiert werden (wenn sie $\neq 0$ ist! $\Rightarrow$ Fallunterscheidung).

Beispiel:

$3 - ax = 2a - 5x \quad |-3+5x$

$5x - ax = 2a - 3 \quad |x \text{ ausklammern}$

$x \cdot (5 - a) = 2a - 3 \quad$ Da man jetzt durch $(5 - a)$ dividieren müsste, ist eine Fallunterscheidung nötig.

1. Fall: $(5 - a) \neq 0$, also $a \neq 5$. Es darf dividiert werden.

$x \cdot (5 - a) = 2a - 3 \quad |: (5 - a)$

$x = \dfrac{2a - 3}{5 - a}$

$\Rightarrow L = \left\{ \dfrac{2a - 3}{5 - a} \right\}$ für $a \neq 5$*

2. Fall: $(5 - a) = 0$, also $a = 5$

Da man jetzt nicht teilen darf, setzt man $a = 5$ in die Gleichung ein.

$x \cdot (5 - 5) = 2 \cdot 5 - 3$

$0 = 7$

Widerspruch $\Rightarrow L = \{\ \}$ für $a = 5$

Tipp | Im 2. Fall kann es sein, dass die Gleichung, wie im Beispiel, keine Lösung besitzt. Es kann aber auch sein, dass die Gleichung allgemein gültig ist. In diesem Fall schreibt man $L = D$ (oder $L = \mathbb{Q}$, $L = \mathbb{R}$ ... wenn es keine einschränkende Definitionsmenge gibt).

Übungen

1 Kreuze die richtige Lösung an.

a) $2x - 4a = 0$	b) $x + 2a = 3$	c) $2k + x = k + 2$	d) $2 \cdot (t - x) = 4 - (3x + t)$
$\square\ L = \left\{\frac{1}{2}a\right\}$	$\square\ L = \{-a\}$	$\square\ L = \{k + 2\}$	$\square\ L = \{3t\}$
$\square\ L = \{8a\}$	$\square\ L = \{3 - 2a\}$	$\square\ L = \{3k + 2\}$	$\square\ L = \{4 - 3t\}$
$\square\ L = \{2a\}$	$\square\ L = \{3 + 2a\}$	$\square\ L = \{k - 2\}$	$\square\ L = \{2 + 3t\}$
$\square\ L = \{a\}$	$\square\ L = \{5a\}$	$\square\ L = \{2 - k\}$	$\square\ L = \{6t\}$

2 Pro Fall ist eine Lösung richtig. Finde sie. Es sei $G = \mathbb{Q}$.

	1. Fall	2. Fall
a) $2ax = a$	Für $a \neq 0$: $\square\ L = \{-a\}$, $\square\ L = \left\{\frac{1}{2}\right\}$	Für $a = 0$: $\square\ L = \mathbb{Q}$; $\square\ L = \{\ \}$
b) $kx = 1 + k$	Für $k \neq 0$ $\square\ L = \left\{\frac{1}{k} + 1\right\}$; $\square\ L = \{1\}$	Für $k = 0$ $\square\ L = \mathbb{Q}$; $\square\ L = \{\ \}$

---

* Eine andere Möglichkeit, die Lösungsmenge anzugeben, ist: $L = \left\{ \dfrac{2a - 3}{5 - a} \;\middle|\; a \in \mathbb{R} \setminus \{5\} \right\}$
Verwende die Schreibweise, die bei dir im Unterricht üblich ist.

	Für $a \neq 0$	Für $a = 0$
c) $5a = ax$	$\square\ L = \{5\};\ L = \left\{\dfrac{1}{5}\right\}$	$\square\ L = \mathbb{Q};\ \square\ L = \{\ \}$
d) $6a = 2ax + 4$	Für $a \neq 0$ $\square\ L = \left\{6 + \dfrac{4}{a}\right\};\ \square\ L = \left\{3 - \dfrac{2}{a}\right\}$	Für $a = 0$ $\square\ L = \mathbb{Q};\ \square\ L = \{\ \}$

3 Löse die Gleichungen. Achte auf Fallunterscheidungen $(G = \mathbb{R})$.

a) $ax = 2a - 3$ b) $3 \cdot (a + 2x) = -a \cdot (2 - x)$

c) $\dfrac{1}{2} \cdot (4x - 6a) = 2a \cdot (5x + 1) + 2x$ d) $a^2 x + 16x = 7$

Regel

4. Bei Bruchgleichungen mit Formvariablen muss man nicht nur die bereits erwähnte Fallunterscheidung durchführen. Man muss auch **prüfen, für welche Werte der Formvariablen die erhaltenen Lösungen Elemente der Definitionsmenge sind.**

Beispiel: Die Gleichung $\dfrac{3x}{x - a} = 2a$ mit $D = \mathbb{R} \setminus \{a\}$ kann man in die Form $x \cdot (3 - 2a) = -2a^2$ umwandeln.
Nun wird eine Fallunterscheidung notwendig.

1. Fall: $(3 - 2a) \neq 0$; $a \neq 1,5$

$$x = \frac{-2a^2}{3 - 2a}$$

Da x nie gleich a sein darf, prüfen wir:

$\dfrac{-2a^2}{3 - 2a} = a$ $| \cdot (3 - 2a)$

$-2a^2 = 3a - 2a^2$ $| + 2a^2$

$0 = 3a$ $| : 3$

$0 = a$

Für $a = 0$ wäre $x = a$. Die Lösung $L = \left\{\dfrac{-2a^2}{3 - 2a}\right\}$ gilt also nur für $a \neq 0$ und $a \neq 1,5$. Für $a = 0$ ist $L = \{\ \}$.

2. Fall: $(3 - 2a) = 0$; $a = 1,5$

$0 = -2 \cdot 1,5^2$

$0 = -4,5 \Rightarrow$ Widerspruch

$\Rightarrow L = \{\ \}$ für $a = 1,5$.

Zusammenfassung der Lösungen:

$L = \left\{\dfrac{-2a^2}{3 - 2a}\right\}$ für $a \neq 0$ und $a \neq 1,5$; $L = \{\ \}$ für $a = 0$ und $a = 1,5$.

Übung

4 Löse die Bruchgleichung im Heft.

a) $\dfrac{1}{x+k} = 5$

b) $\dfrac{a+1}{x} - a = 0$

c) $\dfrac{a}{x-3} = \dfrac{-2}{x+2}$

Fehler-Check

1 Korrigiere die Klassenarbeit von Seite 44.

2 Rechne im Heft. Gib die Lösung an.
Führe gegebenenfalls eine Fallunterscheidung durch.

a) $3\,ax - 7 = 0$

b) $ax + 4x = 8$

c) $3 - kx = k - 2x$

d) $2\,ax = 2 \cdot (3x - 5\,a)$

e) $3 - (ax + 2) = 3 - 2a$

f) $(a+2) \cdot (a-2) \cdot x = 6$

3 Löse die Bruchgleichung. Denke daran, die Ergebnisse mit der Definitionsmenge zu vergleichen! $G = \mathbb{Q}$.
(Hinweis: wenn es keine Einschränkungen für die Lösung gibt, also nur eine $L = ...$ ausreicht, lass das zweite Feld einfach frei.)

	Definitionsmenge	Lösung
a) $\dfrac{2}{a+x} = 3$	$D =$	$L =$ für $L =$ für
b) $\dfrac{x}{x+a} = \dfrac{x^2 + a}{x^2 + 2\,ax + a^2}$	$D =$	$L =$ für $L =$ für
c) $\dfrac{3x-2}{3x-12\,a} = \dfrac{2x-a}{x-4\,a}$	$D =$	$L =$ für $L =$ für

☐ Fehler	0 – 2 Fehler	3 – 5 Fehler	mehr als 5 Fehler
	Super!	In Ordnung!	Bitte noch einmal üben!

Mit Stift und Geodreieck: Die zeichnerische Lösung

Bestimme die Lösung zeichnerisch.

a) $\begin{array}{|ll|} \boxed{1} & x = 3y - 6 \\ \boxed{2} & 6y - 2x = 24 \end{array}$

b) $\begin{array}{|ll|} \boxed{1} & 2y - 4x = 2 \\ \boxed{2} & 2y + \ \ x = 12 \end{array}$

a) $P_1(3|3)$; $P_2(4|6)$
$P_3(0|4)$; $P_4(2|6)$
kein Schnittpunkt;
$\Rightarrow L = \{\ \}$
b) *umformen:*
$\boxed{1}\ y = 2x + 1$
$\boxed{2}\ y = -\frac{1}{2}x + 6$
$\Rightarrow L = \{(4\underline{|}8)\}$

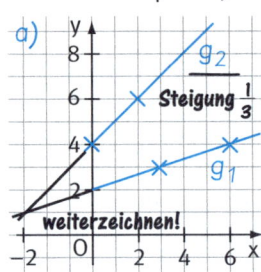

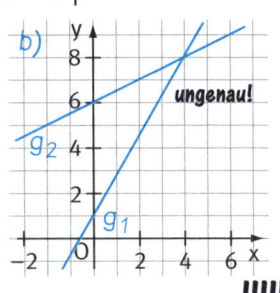

Regeln

1. Gleichungen der Form $a \cdot x + b \cdot y = c$ nennt man **lineare Gleichungen mit zwei Unbekannten** (x; y). Die Lösungen gibt man als Wertepaare (x|y) an. Jede Gleichung hat beliebig viele solcher Lösungspaare.
   Beispiel: $4x - 2y = -8$ hat u. a. die Lösungspaare $(-4|-4)$; $(-2|0)$; $(0|4)$; $(1|6)$; $(7|18)$; ...

2. Ein **Lösungspaar** einer solchen Gleichung kann man als Koordinatenpaar eines **Punktes** in einem Koordinatensystem auffassen. Die Menge aller Punkte, die die Gleichung erfüllen, ergibt das **Schaubild** der Gleichung, eine **Gerade**.
   Um Lösungspaare leichter zu finden, löst man die Gleichung am besten nach y auf.
   Beispiel: $y = -\frac{1}{2}x + 3$; mögliche Lösungspaare (Punkte): $A(2|2)$; $B(4|1)$.
   Weitere Lösungen kann man aus der Zeichnung ablesen: $C(0|3)$; $D(1|2,5)$; $E(-2|4)$.

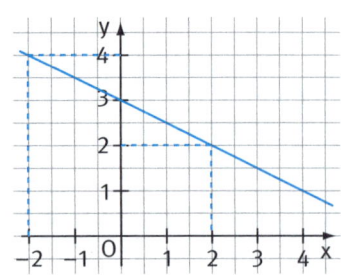

3. Sind **zwei Gleichungen mit zwei Unbekannten** gegeben, die beide erfüllt sein müssen, dann spricht man von einem **linearen Gleichungssystem** (kurz: LGS). Das Wertepaar, das beide Gleichungen erfüllt, nennt man die Lösung $L = \{(x|y)\}$ des Gleichungssystems.

   Beispiel: $\left|\begin{array}{l}\boxed{1}\ x + 2y = 6\\ \boxed{2}\ y + 2 = 2x\end{array}\right|_*$

   Das Wertepaar $(2|2)$ ist die Lösung $L = \{(2|2)\}$, da sowohl die Gleichung $\boxed{1}$ als auch $\boxed{2}$ dafür erfüllt sind.

   $\boxed{1}\ 2 + 2 \cdot 2 = 6 \Leftrightarrow 6 = 6\ \checkmark$; $\boxed{2}\ 2 + 2 = 2 \cdot 2 \Leftrightarrow 4 = 4\ \checkmark$

4. Die Lösungsmenge $L = \{(x|y)\}$ eines linearen Gleichungssystems ist der Schnittpunkt $S(x|y)$ der beiden Geraden, die durch die Gleichungen beschrieben werden.

   Beispiel: $\left|\begin{array}{l}\boxed{1}\ x + 2y = 6\\ \boxed{2}\ y = \frac{1}{2}x + 1\end{array}\right|$; $L = \{(2|2)\}$

   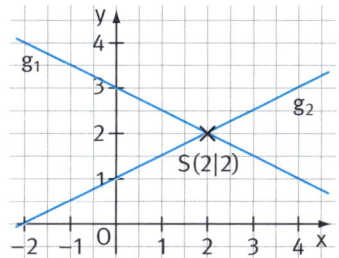

5. Zwei Geraden müssen sich nicht unbedingt schneiden: Sie können auch parallel oder identisch sein. Das hat zur Folge, dass ein LGS also **genau eine** (Schnittpunkt), **keine** (parallel) oder **beliebig viele** (identisch) Lösungen haben kann. Gibt es beliebig viele Lösungen, schreibt man die Lösungsmenge so: $L = \{(x|y)\ |\ „y\ in\ Abhängigkeit\ von\ x“\}$, dafür stellt man eine Gleichung so um, dass sie heißt $y = \ldots$.
   Beispiele:

   a) $\left|\begin{array}{l}\boxed{1}\ y - x = 1\\ \boxed{2}\ 2y = -2x + 10\end{array}\right|$
   b) $\left|\begin{array}{l}\boxed{1}\ 3y = 2x + 3\\ \boxed{2}\ y - \frac{2}{3}x = 3\end{array}\right|$
   c) $\left|\begin{array}{l}\boxed{1}\ 2x = 2 + 2y\\ \boxed{2}\ 3 = 3x - 3y\end{array}\right|$

   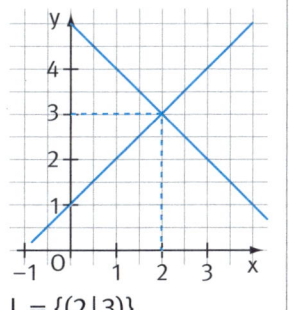

   $L = \{(2|3)\}$

   $L = \{\ \}$

   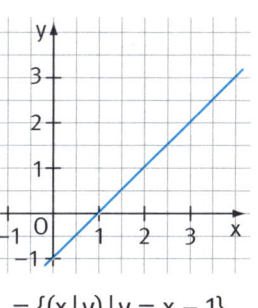

   $L = \{(x|y)\ |\ y = x - 1\}$

---

* Die beiden Teilgleichungen sind oft nummeriert oder mit römischen Zahlen gekennzeichnet. Auch die senkrechten Striche rechts und links vom Gleichungssystem finden sich nicht überall. Schreibe die LGS so, wie es bei dir in der Schule üblich ist.

Übungen

❶ Markiere die Lösungspaare, die die lineare Gleichung erfüllen.

a) $x + 2 = y$ $P_1(3|5)$ $P_2(-2|1)$ $P_3(-2|0)$ $P_4(4|7)$ $P_5(6|8)$

b) $2x + y = 3$ $P_1(0|2)$ $P_2(1|1)$ $P_3(2|1)$ $P_4(-1|5)$ $P_5(3|6)$

c) $10y + 5x = 30$ $P_1(2|2)$ $P_2(-2|5)$ $P_3(6|0)$ $P_4(0|3)$ $P_5(7|1)$

❷ Zeichne die zu den Gleichungen von Übung 1 gehörenden Geraden in das Koordinatensystem. Ergänze die Punkte, indem du die fehlenden Koordinaten abliest.

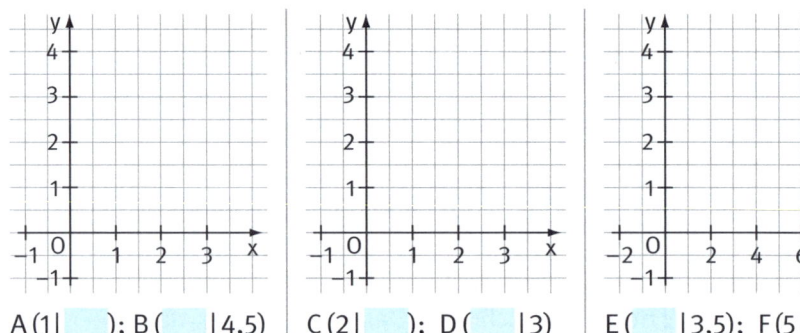

A $(1|\ \ \ )$; B $(\ \ \ |4{,}5)$ C $(2|\ \ \ )$; D $(\ \ \ |3)$ E $(\ \ \ |3{,}5)$; F $(5|\ \ \ )$

❸ Zeichne die beiden Geraden und lies die Schnittpunkte ab.

a) g_1: $x + y = 7$
    g_2: $0{,}5x + 1 = y$

b) g_1: $x + y = 8$
    g_2: $4x + 2y = 28$

c) g_1: $-3x + 9y = 36$
    g_2: $3y = 4x - 6$

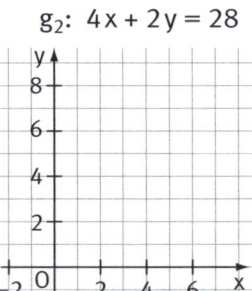
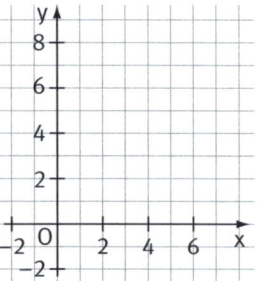

❹ Löse das Gleichungssystem grafisch im Heft. Forme dazu die Gleichungen zunächst in die Hauptform $y = m \cdot x + b$ (siehe Tipp S. 51) um.

a) $\begin{array}{|ll|} \boxed{1} & 2y = \ x - 4 \\ \boxed{2} & 4y = -x + 4 \end{array}$

b) $\begin{array}{|ll|} \boxed{1} & 3y - 2x = 12 \\ \boxed{2} & -3y + 12 = x \end{array}$

c) $\begin{array}{|ll|} \boxed{1} & 10y - 60 = -4x \\ \boxed{2} & 5 - y - \frac{2}{5}x = 0 \end{array}$

Tipp | Hast du eine Geradengleichung in die **Hauptform** $(y = m \cdot x + b)$ umgewandelt, kannst du sie mithilfe von Steigung (m) und y-Achsenabschnitt (b) zeichnen.

Beispiel: $x - 3y = 9$ | umwandeln

$\qquad\qquad y = \frac{1}{3}x - 3$

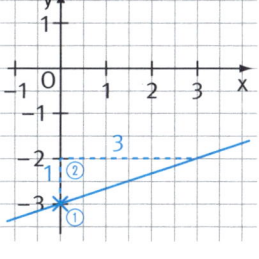

Zeichenschritte:

① y-Achsenabschnitt $(b = -3)$ markieren

② Steigung $\left(m = \frac{1}{3}\right)$ abtragen

Die Steigung trägt man ab, indem man den Nenner nach rechts und den Zähler nach oben geht. Ist die Steigung negativ, geht man den Zähler entsprechend nach unten. Ganze Zahlen werden in Brüche umgewandelt, z. B. $m = 3 = \frac{3\uparrow}{1\rightarrow}$; $m = -5 = \frac{-5\downarrow}{1\rightarrow}$.

5 Die Aufgaben 4 b) und 4 c) hättest du auch ohne Zeichnung lösen können – warum?

Fehler-Check

1 Ergänze die Punkte $P_1(0\,|\quad)$, $P_2(\quad|0)$, $P_3(1\,|\quad)$, $P_4(\quad|5)$, $P_6(-0,5\,|\quad)$ so, dass sie zum Schaubild der linearen Gleichung gehören.

a) $y + 2x = 3$ b) $2y + 4x = 9$ c) $\frac{1}{2}y - \frac{1}{4}x = 6$

2 Gib zu der angegebenen Lösung ein mögliches lineares Gleichungssystem an.

a) $L = \{(1\,|\,1)\}$; $\left|\begin{smallmatrix}1\\2\end{smallmatrix}\quad\quad\quad\right|$ b) $L = \{(2\,|-1)\}$; $\left|\begin{smallmatrix}1\\2\end{smallmatrix}\quad\quad\quad\right|$

3 Löse das LGS grafisch im Heft.

a) $\left|\begin{array}{l}① \; 3x + 2y = 10\\② \; 2x + 4y = 8\end{array}\right|$ b) $\left|\begin{array}{l}① \; 2x - 4y = -4\\② \; 2x = -4 + 2y\end{array}\right|$ c) $\left|\begin{array}{l}① \; 4 + 8y = 12x\\② \; 4x + 4y = 28\end{array}\right|$

☐ Fehler	0 – 2 Fehler	3 – 5 Fehler	mehr als 5 Fehler
	Super!	In Ordnung!	Bitte noch einmal üben!

Einsetzungs- und Gleichsetzungsverfahren richtig anwenden

1. Löse das LGS $\begin{array}{l} ① \ y = 3x + 5 \\ ② \ 2x - y = -6 \end{array}$ mit dem Gleichsetzungsverfahren.

2. Löse das LGS $\begin{array}{l} ① \ 5x + 12y = 6 \\ ② \ 3y = 9 - 5x \end{array}$ mit dem Einsetzungsverfahren.

1. $\begin{array}{l} ① \ y = 3x + 5 \\ ② \ 2x - y = -6 \end{array}$ $\quad | -2x$

$\begin{array}{l} ① \ y = 3x + 5 \\ ② \ \underline{y = -2x - 6} \end{array}$ **Vorzeichen-fehler**

$3x + 5 = -2x - 6 \quad | +2x - 5$

$5x = -11 \quad\quad | :5$

$x = -2,2$

$y = 1,6$ **Vorzeichenfehler**

$L = (\underline{1,6 | -2,2})$ **Werte vertauscht**

2. ② in ① einsetzen: **Denkfehler, Symbolfehler**

$5x + \underline{12 \cdot 9} - 5x = 6$

$5x + 108 - 5x = 6$ **Rechenfehler**

$108 = 6$ Widerspruch

$L = (\underline{x | y})$ **Denkfehler**

||||||

Regeln

Neben der zeichnerischen Lösung gibt es auch algebraische Verfahren, um die Lösung eines LGS zu bestimmen.

1. Beim **Gleichsetzungsverfahren** werden beide Gleichungen nach der gleichen Unbekannten aufgelöst und die beiden „Lösungsterme" gleichgesetzt. Die entstandene Gleichung mit einer Unbekannten kann man lösen. Anschließend setzt man den erhaltenen Wert in eine der beiden Gleichungen ein und berechnet die zweite Unbekannte. Es ist sinnvoll, abschließend eine Probe durchzuführen.

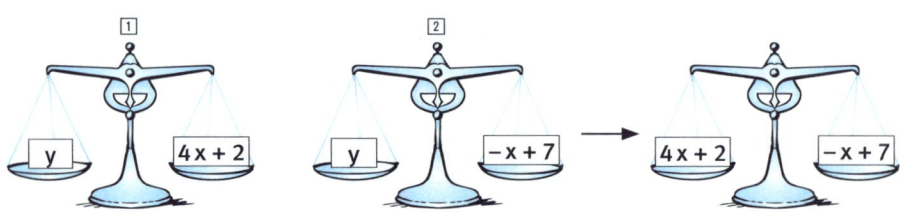

Beispiel:
$$\begin{vmatrix} ① & 10x + 2y = 62 \\ ② & 6x + y = 37 \end{vmatrix} \begin{matrix} |-10x \\ |-6x \end{matrix}$$

$$\begin{vmatrix} ① & 2y = 62 - 10x \\ ② & y = 37 - 6x \end{vmatrix} \begin{matrix} |:2 \\ \end{matrix} \Leftrightarrow \begin{vmatrix} ① & y = 31 - 5x \\ ② & y = 37 - 6x \end{vmatrix};$$ ① und ② gleichsetzen:

$31 - 5x = 37 - 6x \quad |-31 + 6x \Leftrightarrow x = 6;$ in ①: $y = 31 - 5 \cdot 6 = 1$

Probe ①: $10 \cdot 6 + 2 \cdot 1 = 62 \Leftrightarrow 62 = 62$ ✓

Probe ②: $6 \cdot 6 + 1 = 37 \Leftrightarrow 37 = 37$ ✓; also $L = \{(6 \mid 1)\}$

2. Beim **Einsetzungsverfahren** wird eine der beiden Gleichungen nach x oder y aufgelöst und der „Lösungsterm" anschließend für die entsprechende Unbekannte in die andere Gleichung eingesetzt. Wichtig: Klammern setzen! Wieder entsteht eine Gleichung mit einer Unbekannten, die man lösen kann. Die restlichen Schritte sind die gleichen wie beim Gleichsetzungsverfahren.

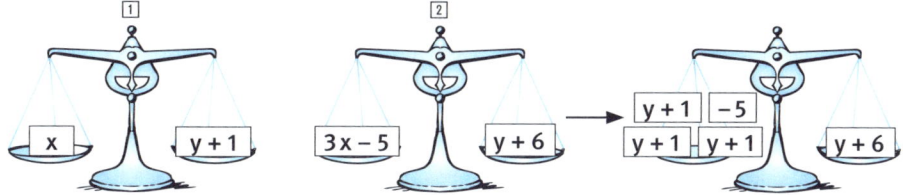

Beispiel:
$$\begin{vmatrix} ① & 9x + y = 71 \\ ② & -5x - 4y = -36 \end{vmatrix} \begin{matrix} |-9x \\ \end{matrix} \Leftrightarrow \begin{vmatrix} ① & y = \mathbf{71 - 9x} \\ ② & -5x - 4y = -36 \end{vmatrix};$$ Einsetzen in ②

$-5x - 4 \cdot (\mathbf{71 - 9x}) = -36 \Leftrightarrow x = 8;$ in ①: $y = 71 - 9 \cdot 8 \Leftrightarrow y = -1$

Probe ①: $9 \cdot 8 + (-1) = 71 \Leftrightarrow 71 = 71$ ✓

Probe ②: $-5 \cdot 8 - 4 \cdot (-1) = -36 \Leftrightarrow -36 = -36$ ✓, also $L = \{(8 \mid -1)\}$

Übungen

1 Fülle die Waage nach dem Einsetzungsverfahren auf.

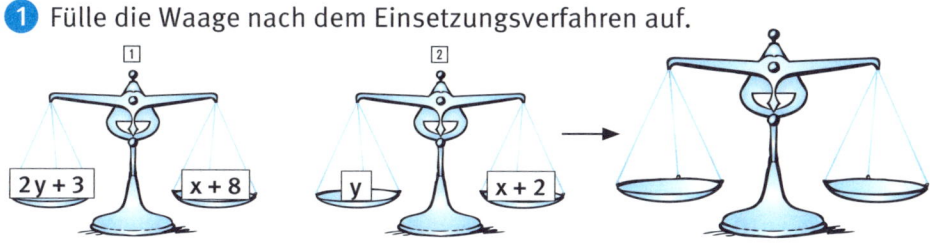

2 Löse mit dem Gleichsetzungsverfahren.

a) $\begin{vmatrix} ① & y = -2x - 1 \\ ② & y = 5x - 8 \end{vmatrix}$ b) $\begin{vmatrix} ① & 7x + y = 44 \\ ② & 2x + y = 14 \end{vmatrix}$ c) $\begin{vmatrix} ① & 9x - y = 39 \\ ② & 5x - y = 19 \end{vmatrix}$

d) $\begin{vmatrix} ① & -x + 9y = 81 \\ ② & -x - 4y = -23 \end{vmatrix}$ e) $\begin{vmatrix} ① & y = 8x + 41 \\ ② & -2y = -6x - 22 \end{vmatrix}$ f) $\begin{vmatrix} ① & 4x + 4y = 12 \\ ② & -6x + 3y = -9 \end{vmatrix}$

3 Löse mit dem Einsetzungsverfahren.

a) $\begin{vmatrix} ① & y = 5x - 6 \\ ② & 7x + 7y = 42 \end{vmatrix}$ b) $\begin{vmatrix} ① & y = 3x - 4 \\ ② & 4x + 8y = 80 \end{vmatrix}$ c) $\begin{vmatrix} ① & x + 4y = -4 \\ ② & 7x + 9y = 29 \end{vmatrix}$

d) $\begin{vmatrix} ① & 3x + y = 12 \\ ② & 3x + 9y = 36 \end{vmatrix}$ e) $\begin{vmatrix} ① & x + 9y = 64 \\ ② & 6x + 5y = -8 \end{vmatrix}$ f) $\begin{vmatrix} ① & 0,5x - 3y = 0,1 \\ ② & 3y = 0,3x - 0,9 \end{vmatrix}$

Tipp | Manchmal ist es geschickter, die Gleichungen nach einem Vielfachen seiner Unbekannten aufzulösen und dann das Gleichsetzungs- oder Einsetzungsverfahren anzuwenden.

Beispiel: a) $\begin{vmatrix} ① & 5x - 3y = 11 \\ ② & 5x + 9y = 7 \end{vmatrix}\begin{matrix} |+3y \\ |-9y \end{matrix}$ b) $\begin{vmatrix} ① & -4x + 2y = -10 \\ ② & 5x + 8y = -82 \end{vmatrix}|+4x$

$\begin{vmatrix} ① & 5x = 11 + 3y \\ ② & 5x = 7 - 9y \end{vmatrix}$ $\begin{vmatrix} ① & 2y = -10 + 4x \\ ② & 5x + 8y = -82 \end{vmatrix}$

Da links die gleichen Vielfachen stehen, kann man gleichsetzen:

$11 + 3y = 7 - 9y$

weiter wie bekannt

$\Rightarrow L = \left\{\left(2 \mid -\dfrac{1}{3}\right)\right\}$

Da $8y = 4 \cdot 2y$ gilt für ① in ②:

$5x + 4 \cdot (-10 + 4x) = -82$

$5x - 40 + 16x = -82$

weiter wie bekannt

$\Rightarrow L = \{(-2 \mid -9)\}$

4 Löse möglichst geschickt. Welches Verfahren ist besser?

a) $\begin{vmatrix} ① & -6x + 2y = -18 \\ ② & 36x + 4y = 60 \end{vmatrix}$

b) $\begin{vmatrix} ① & -8x - 8y = -16 \\ ② & 8x - y = 25 \end{vmatrix}$

c) $\begin{vmatrix} ① & 10x + 12y = -14 \\ ② & -2x + 6y = -14 \end{vmatrix}$

5 Kontrolliere Ekos Hausaufgaben: Unterstreiche alle Fehler.

a)
$$\begin{array}{|l} ① \ 4x - 3y = 16 \\ ② \ 5y - 2x = 29 \end{array} \ | -5y$$

$$\begin{array}{|l} ① \ 4x - 3y = 16 \\ ② \ 2x = 29 - 5y \end{array}$$

② in ①:
$$4 \cdot (29 - 5y) = 16$$
$$116 - 20y = 16 \qquad | - 116$$
$$-20y = 100 \qquad | : (-20)$$
$$y = -5$$
$$x = 2$$
$$L = \{(2 | -5)\}$$

b)
$$\begin{array}{|l} ① \ 2x + 4y = 12 \\ ② \ 2x + 2y = 8 \end{array} \ | -2x$$

$$\begin{array}{|l} ① \ 2x + 4y = 12 \ | -2x \\ ② \ 2y = 8 - 2x \ | \cdot 2 \end{array}$$

$$\begin{array}{|l} ① \ 4y = 12 - 2x \\ ② \ 4y = 8 - 2x \end{array}$$

② und ① gleichsetzen:
$$12 - 2x = 8 - 2x \ | +2x$$
$$12 = 8$$
$$L = \{(x|y) \, | \, y = 4 - 2x\}$$

Fehler-Check

1 Löse das Gleichungssystem mit
a) dem Gleichsetzungsverfahren   b) dem Einsetzungsverfahren

$$\begin{array}{|l} ① \ 4x + y = 28 \\ ② \ 6x + y = 40 \end{array}$$

$$\begin{array}{|l} ① \ x + y = 5 \\ ② \ 3x + 9y = 33 \end{array}$$

2 Korrigiere Ekos Hausaufgaben (Aufgabe 5).

3 Löse möglichst geschickt. Achte auf besondere Lösungsmengen!

a)
$$\begin{array}{|l} ① \ 6x + 2 = 2y \\ ② \ 15x + 10y = 5 \end{array}$$

b)
$$\begin{array}{|l} ① \ -4x + y = 13 \\ ② \ 4y = 16x - 24 \end{array}$$

c)
$$\begin{array}{|l} ① \ -3x + 5y = 18 \\ ② \ 6x - 10y = -36 \end{array}$$

d)
$$\begin{array}{|l} ① \ 2 \cdot (x - y) + 5y = -4 \\ ② \ 6x + 8y = 12 \end{array}$$

	Fehler	0 – 2 Fehler	3 – 5 Fehler	mehr als 5 Fehler
		Super!	In Ordnung!	Bitte noch einmal üben!

Aus zwei mach eins: Das Additionsverfahren

Löse mit dem Additionsverfahren.

a) $\begin{vmatrix} \boxed{1} & 2x - 4y = 6 \\ \boxed{2} & 2x - 5y = 3 \end{vmatrix}$ b) $\begin{vmatrix} \boxed{1} & 4x - 2y = -8 \\ \boxed{2} & -4x + 4y = 14 \end{vmatrix}$ c) $\begin{vmatrix} \boxed{1} & 5x + 9y = -7 \\ \boxed{2} & -7x + 9y = 53 \end{vmatrix}$

$\begin{vmatrix} \boxed{1} & 2x - 4y = 6 \\ \boxed{2} & 2x - 5y = 3 \end{vmatrix}$ $\begin{vmatrix} \boxed{1} & 4x - 2y = -8 \\ \boxed{2} & -4x + 4y = 14 \end{vmatrix}$ $\begin{vmatrix} \boxed{1} & 5x + 9y = -7 \\ \boxed{2} & -7x + 9y = 53 \end{vmatrix} | \cdot (-1)$

$\boxed{1} + \boxed{2}: \ -9y = 9$

$y = 1$

$2x - 4 = 6$

$2x = 10$

$x = 5$

$L = \{(5 \mid 1)\}$

$\boxed{1} + \boxed{2}: \ 6y = 6$

$y = 1$

$4x - 2 = -8$

$4x = -10$

$x = -2,5$

$L = \{(-2,5 \mid 1)\}$

$\begin{vmatrix} \boxed{1} & 5x + 9y = -7 \\ \boxed{2} & 7x - 9y = 53 \end{vmatrix}$

$\boxed{1} + \boxed{2}: \quad 12x = -60$

$x = -5$

$-25 + 9y = -7$

$y = 2$

$L = \{(-5 \mid 2)\}$

Regeln

1. Das Addieren der linken und rechten Seite zweier Gleichungen eines linearen Gleichungssystems verändert die Lösungsmenge nicht. Es handelt sich also um eine Äquivalenzumformung.

2. Das sogenannte **Additionsverfahren** basiert auf diesem Prinzip: Man sorgt mit geeigneten Äquivalenzumformungen dafür, dass vor einer der Unbekannten in beiden Gleichungen der gleiche Koeffizient steht – jedoch mit unterschiedlichen Vorzeichen. Anschließend addiert man die beiden Gleichungen und erhält eine Gleichung mit *einer* Unbekannten. Die weiteren Lösungsschritte sind so wie bei den vorangegangenen Verfahren.

3. Achte, um typische Fehler zu vermeiden, beim Addieren der beiden Gleichungen gut auf die Vorzeichen der einzelnen Terme!

Beispiele: a)

$$\begin{vmatrix} \boxed{1} & -4x + 2y = 0 \\ \boxed{2} & 4x - 9y = -28 \end{vmatrix}$$

$\boxed{1} + \boxed{2}$: $-7y = -28 \quad |:(-7)$

$\qquad\qquad y = 4 \qquad |\text{ in } \boxed{1}$

$\qquad -4x + 8 = 0$

$\qquad\qquad\quad x = 2$

$L = \{(2\,|\,4)\}$

b)

$$\begin{vmatrix} \boxed{1} & -3x + 4y = -25 \\ \boxed{2} & 4x + 3y = -25 \end{vmatrix}\begin{matrix} |\cdot 4 \\ |\cdot 3 \end{matrix}$$

$$\begin{vmatrix} \boxed{1} & -12x + 16y = -100 \\ \boxed{2} & 12x + 9y = -75 \end{vmatrix}$$

$\boxed{1} + \boxed{2}$: $25y = -175$

$\qquad\qquad \Rightarrow y = -7 \quad |\text{ in } \boxed{2}$

$\qquad\qquad \Rightarrow x = -1$

$L = \{(-1\,|\,-7)\}$

Übungen

❶ Löse mit dem Additionsverfahren.

a)
$$\begin{vmatrix} \boxed{1} & x - 5y = -1 \\ \boxed{2} & -x + 2y = -5 \end{vmatrix}$$

b)
$$\begin{vmatrix} \boxed{1} & 3x - 9y = -57 \\ \boxed{2} & -3x + 5y = 21 \end{vmatrix}$$

c)
$$\begin{vmatrix} \boxed{1} & -5x + 9y = 66 \\ \boxed{2} & 5x + 2y = 33 \end{vmatrix}$$

d)
$$\begin{vmatrix} \boxed{1} & -3x + 2y = -2 \\ \boxed{2} & 3x - 7y = -3 \end{vmatrix}$$

❷ Sorge für passende Koeffizienten, ehe du addierst.

a)
$$\begin{vmatrix} \boxed{1} & 5x - 4y = 21 \\ \boxed{2} & 3x - 8y = 35 \end{vmatrix}$$

b)
$$\begin{vmatrix} \boxed{1} & 5x + 3y = 4 \\ \boxed{2} & 4x + 7y = 17 \end{vmatrix}$$

c)
$$\begin{vmatrix} \boxed{1} & x + 0,5y = 2 \\ \boxed{2} & 4y + 5x = 1 \end{vmatrix}$$

d)
$$\begin{vmatrix} \boxed{1} & x + y + 6 = 7 \\ \boxed{2} & 8x + 14y - 11 = x \end{vmatrix}$$

Tipp | Haben zwei gleiche Koeffizienten auch das gleiche Vorzeichen, kannst du entweder eine Gleichung mit (-1) multiplizieren oder die beiden Gleichungen einfach voneinander abziehen, also sozusagen das „Subtraktionsverfahren" anwenden.

Beispiel: 1. Möglichkeit

$$\begin{vmatrix} \boxed{1} & 17x - 3y = 20 \\ \boxed{2} & 17x - 13y = -30 \end{vmatrix}|\cdot(-1)$$

$$\begin{vmatrix} \boxed{1} & 17x - 3y = 20 \\ \boxed{2} & -17x + 13y = 30 \end{vmatrix}$$

weiter mit dem Additionsverfahren

2. Möglichkeit

$$\begin{vmatrix} \boxed{1} & 17x - 3y = 20 \\ \boxed{2} & 17x - 13y = -30 \end{vmatrix}$$

$\boxed{1} - \boxed{2}$: $10y = 50$

weiter wie bekannt.

Vorteil: geht schneller!

3 Du hast zwei Möglichkeiten (siehe Tipp, Seite 57).
Für welche entscheidest du dich?

a) $\begin{vmatrix} \boxed{1} & x + 2y = -3 \\ \boxed{2} & x + \ \ y = 2 \end{vmatrix}$

b) $\begin{vmatrix} \boxed{1} & -6x + 8y = -10 \\ \boxed{2} & -2x + 8y = 18 \end{vmatrix}$

c) $\begin{vmatrix} \boxed{1} & 6x - 7y = -62 \\ \boxed{2} & 6x - 8y = -64 \end{vmatrix}$

d) $\begin{vmatrix} \boxed{1} & x + 6y = 22 \\ \boxed{2} & 4x + 6y = -2 \end{vmatrix}$

4 Max und Anna haben sich eine Verschlüsselung für die Ziffern 0 – 9
ausgedacht. Du hast eine solche verschlüsselte Aufgabe gefunden.
Versuche sie zu entschlüsseln.

$\begin{vmatrix} \boxed{1} & {\ast} \cdot x - {\bullet} \cdot y = {\blacklozenge} \\ \boxed{2} & -{\ast} \cdot x + {\blacklozenge} \cdot y = {\ast} \end{vmatrix}$

${\ast} \cdot x - {\bullet} \cdot {\blacksquare} = {\blacklozenge} \quad |+ {\bullet} \cdot {\blacksquare}$

${\ast} \cdot x = {\blacklozenge} \cdot {\ast}$

$x = {\blacklozenge}; \ L = ({\blacklozenge} | {\blacksquare})$

$\boxed{1} + \boxed{2}: \ y = {\blacksquare}$ in $\boxed{1}$

${\ast} = ; \ {\bullet} = ; \ {\blacklozenge} = ; \ {\blacksquare} = $

Regel

Das Additionsverfahren ist auch die Grundlage des sogenannten Gauß-
Algorithmus (benannt nach C. F. Gauß; 1777 – 1855), mit dem man LGS mit
mehr als zwei Gleichungen und Unbekannten lösen kann. Dabei wird das
LGS durch mehrmaliges Anwenden des Additionsverfahrens auf eine
Stufenform gebracht und anschließend die Lösung bestimmt.
Beispiel:

$\begin{vmatrix} \boxed{1} & 3x - 2y + 4z = -6 \\ \boxed{2} & -x + 3y + 2z = 6 \\ \boxed{3} & 2x + \ y - 4z = -5 \end{vmatrix} \ | \cdot 3$

$\begin{vmatrix} \boxed{1} & 3x - 2y + 4z = -6 \\ \boxed{2} & 7y + 10z = 12 \\ \boxed{3} & 2x + \ y - \ 4z = -5 \end{vmatrix} \ | \cdot 2 \ | \cdot (-3)$

$\begin{vmatrix} \boxed{1} & 6x - 4y + \ 8z = -12 \\ \boxed{2} & 7y + 10z = 12 \\ \boxed{3} & -7y + 20z = 3 \end{vmatrix}$

$\begin{vmatrix} \boxed{1} & 6x - 4y + \ 8z = -12 \\ \boxed{2} & 7y + 10z = 12 \\ \boxed{3} & 30z = 15 \end{vmatrix}$

Ist die Stufenform (Dreiecksform),
wie im Beispiel ganz unten erreicht,
kann man, von unten beginnend,
die Lösungen berechnen:

$30z = 15 \Leftrightarrow z = 0{,}5;$ in $\boxed{2}$

$7y + 5 = 12 \Leftrightarrow y = 1;$ in $\boxed{1}$

$6x - 4 + 4 = -12 \Leftrightarrow x = -2$

$L = \{(-2 | 1 | 0{,}5)\}$

5 Berechne mit dem Gauß-Algorithmus.

a)
$$\begin{vmatrix} \boxed{1} & 3x - y + 4z = 12 \\ \boxed{2} & x - 2y + z = 5 \\ \boxed{3} & 6x - 4y + 3z = 16 \end{vmatrix}$$

b)
$$\begin{vmatrix} \boxed{1} & 5x - 3y - 3z = 7 \\ \boxed{2} & 5x + 2y + 9z = 75 \\ \boxed{3} & -x - 3y + 5z = 67 \end{vmatrix}$$

Fehler-Check

1 Fülle den Lückentext aus.

Beim Additionsverfahren werden die   ,

wenn nötig, jeweils durch   mit einer geeig-

neten Zahl ($\neq$ 0) so verändert, dass durch

eine der Unbekannten wegfällt.

Die entstandene   mit einer

wird gelöst und das   in eine der ursprünglichen

                         eingesetzt um die

zu bestimmen.

2 Löse mit dem Additionsverfahren.

a)
$$\begin{vmatrix} \boxed{1} & x + 2y = 6 \\ \boxed{2} & x - y = 3 \end{vmatrix}$$

b)
$$\begin{vmatrix} \boxed{1} & x + 8y = -65 \\ \boxed{2} & 2x + 8y = -74 \end{vmatrix}$$

c)
$$\begin{vmatrix} \boxed{1} & 3x + 2y - 5x = 7 \\ \boxed{2} & 2x + 3y = 0,5 \end{vmatrix}$$

d)
$$\begin{vmatrix} \boxed{1} & 4x - 6y = 2 \\ \boxed{2} & 3x - 7y = -4 \end{vmatrix}$$

3 Gib jeweils ein Gleichungssystem an, das die angegebene Lösung hat und mit dem Additionsverfahren gut lösbar ist.

a) $L = \{(2\,|\,3)\}$

b) $L = \{(-1\,|\,3)\}$

$$\begin{vmatrix} \boxed{1} & \\ \boxed{2} & \end{vmatrix}$$

$$\begin{vmatrix} \boxed{1} & \\ \boxed{2} & \end{vmatrix}$$

Fehler	0 – 2 Fehler	3 – 5 Fehler	mehr als 5 Fehler
	Super!	In Ordnung!	Bitte noch einmal üben!

Anwendungsaufgaben geschickt lösen

Löse mithilfe eines Gleichungssystems.

a) Aus 76 cm Draht soll ein Kantenmodell eines Quaders mit quadratischer Grundfläche hergestellt werden. Die Quadratseite und die Höhe sollen zusammen 12 cm lang sein.
Wie lang müssen die Seiten sein?

b) Herr Geh macht eine Wanderung vom Hochkopf über den 7 km entfernten Hasenbuckel zum 20 km entfernten Wiesenberg.
Er startet um 8:00 h und schafft 5 km pro Stunde. Herr Trott startet um 9:00 h am Hasenbuckel und wandert ebenfalls zum Wiesenberg. Er legt 4 km pro Stunde zurück.
Nach welcher Strecke hat Herr Geh Herrn Trott eingeholt?

a)
$$\boxed{1}\ 4x + 4y = 72$$
$$\boxed{2}\ x = 12 + y \quad | \text{ in } \boxed{1}$$
$$4 \cdot (12 + y) + 4y = 72$$
$$\Rightarrow y = 3\,cm; \Rightarrow x = 15\,cm$$

b)
$$\boxed{1}\ y = 5x \qquad | \text{ in } \boxed{2}$$
$$\boxed{2}\ y + 7 = 4 \cdot (x + 1)$$
$$5x + 7 = 4x + 4$$
$$x = 3$$
$$\Rightarrow \text{Nach } 7 + 3 = 10\ km\ \text{hat er ihn eingeholt.}$$

Regeln

Anwendungsaufgaben für lineare Gleichungssysteme können aus den unterschiedlichsten Gebieten (Geometrie, Physik, Chemie etc.) kommen. Das Schwierigste dabei ist, die richtigen Gleichungen aufzustellen. Am besten geht man nach folgendem „Rezept" vor:

① Wenn möglich, den Sachverhalt in einer Skizze oder einem Diagramm darstellen.
② Festlegen, welches die unbekannten Größen sind, und eine mit x und die andere mit y bezeichnen.
③ Aus den gegebenen Informationen über die gesuchten Größen zwei Gleichungen aufstellen.

④ Das LGS mit einem geeigneten Verfahren lösen.
⑤ Die Ergebnisse überprüfen.
⑥ Einen Antwortsatz formulieren.

Beispiele: Als Beispiele sollen die Aufgaben aus der Klassenarbeit von Seite 60 gelöst werden.

a) Bei geometrischen Aufgaben ist eine Skizze meist hilfreich.

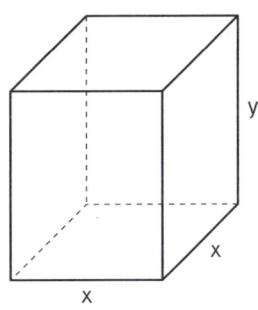

Länge der Quadratseite: x
Länge der Höhe: y
Gesamtlänge aller Seiten: $8x + 4y = 72$ ①
Gesamtlänge einer Seite + Höhe: $x + y = 12$ ②

$$\begin{vmatrix} ① & 8x + 4y = 72 \\ ② & x + y = 12 \end{vmatrix} \ |-y; \text{ in } ①$$

$8 \cdot (12 - y) + 4y = 72$
$\Rightarrow y = 6; \ x = 6$

Antwort: Der Quader ist ein Würfel mit der Kantenlänge 6 cm.

b) Hier hilft ein Diagramm, das auch noch den Vorteil hat, dass man die Lösung grafisch überprüfen kann.
Bei derartigen Bewegungsaufgaben braucht man die Streckenformel $s = v \cdot t$ (s = Strecke, v = Geschwindigkeit, t = Zeit).

Zurückgelegte Strecke: y
Zeit (in Stunden, ab 8:00 h): x
Strecke von Herrn Geh:
$y = 5 \cdot x$ ①
Strecke von Herrn Trott:
$y = 4 \cdot (x - 1) + 7$ ②.
Er startet eine Stunde später $(x - 1)$, hat aber 7 km Vorsprung $(+ 7)$.

$$\begin{vmatrix} ① & y = 5x \\ ② & y = 4 \cdot (x - 1) + 7 \end{vmatrix}$$

Lösen mit Gleichsetzungsverfahren liefert: $x = 3$, $y = 15$.
Antwort: Um 11:00 h und nach 15 km hat Herr Geh Herrn Trott eingeholt.

Übungen

1 Aus der Geometrie

a) Der Umfang eines gleichschenkligen Dreiecks beträgt 29 cm. Jeder Schenkel ist 4 cm länger als die Grundseite. Wie lang sind Grundseite und Schenkel?

b) Für das Kantenmodell eines Quaders mit quadratischer Grundfläche stehen 112 cm Draht zur Verfügung. Der Quader soll doppelt so hoch wie breit sein. Welche Maße muss er haben?

c) Der Winkel in der Spitze eines gleichschenkligen Dreiecks ist doppelt so groß wie ein Basiswinkel. Wie groß sind die Winkel im Dreieck? (Hinweis: Winkelsumme Dreieck = 180°)

2 Bewegungsaufgaben

a) Zwei Brüder wollen eine Wanderung machen. Da der eine aber verschläft, kommt er erst eine halbe Stunde später los als der andere. Der zuerst gestartete Bruder läuft mit einer Geschwindigkeit von 4 km/h, der zweite mit 5 km/h. Nach welcher Zeit hat der Langschläfer seinen Bruder eingeholt? Wie weit sind sie da schon gewandert?

b) Marc und Deniz veranstalten ein Fahrradrennen. Da Marc nur 24 km/h schafft, Deniz aber 36 km/h, bekommt Marc einen Vorsprung von 5 Minuten. Wann hat Deniz Marc eingeholt?

c) Familie Müller fährt von Hamburg ins 100 km entfernte Kiel. Sie kommen mit 110 km/h voran. Gleichzeitig fährt die befreundete Familie Becker mit 90 km/h von Kiel aus auf derselben Route in Richtung Hamburg. Wann fahren die beiden Familien aneinander vorbei?

(Hinweis: Da die beiden Familien in entgegengesetzte Richtungen fahren, solltest du die Strecke der zweiten Familie als Differenz der zu fahrenden Strecke und dem zurückgelegten Weg angeben.)

3 Zahlenrätsel

a) Die Summe zweier Zahlen ist 7, ihre Differenz 3.
   Wie heißen die beiden Zahlen?

b) Addiert man zum Zweifachen einer Zahl das Siebenfache der anderen, erhält man − 6. Subtrahiert man hingegen vom Vierfachen der ersten Zahl das Fünffache der zweiten, erhält man 7.
   Welche beiden Zahlen sind gemeint?

c) Welche Zahl ist um 5 größer als eine andere und um 1 kleiner als das Dreifache der anderen Zahl?

Fehler-Check

1 Ein Drittel einer Zahl und ein Viertel einer zweiten ergibt ein Fünftel. Ein Sechstel der ersten und ein Siebtel der zweiten Zahl ergibt ein Achtel. Von welchen beiden Zahlen ist die Rede?

2 In einem stumpfwinkligen Dreieck ist der Winkel $\alpha = 110°$ groß. Von den beiden anderen Winkeln ist einer zweieinhalbmal so groß wie der andere. Wie groß sind die beiden verbleibenden Winkel?

3 Bei Rückenwind zählt man zur Eigengeschwindigkeit des Flugzeugs die Windgeschwindigkeit dazu, bei Gegenwind zieht man sie ab. Ein Flugzeug braucht bei gleichbleibendem Gegenwind für einen Übungsflug mit einer Strecke von 280 km eine Flugzeit von 24 min. Auf dem Rückweg mit gleich starkem Rückenwind 21 min. Welche Eigengeschwindigkeit hat das Flugzeug? Welche der Wind? (Hinweis: Rechne zunächst die Flugzeiten in Geschwindigkeiten um.)

4 Von wie vielen Schweinen und Hühnern ist die Rede?

> **Die Tiere eines Bauern haben Beine, zwei die Hühner, vier die Schweine.**
> **70 Beine waren dort vorhanden, wo 4 Schweine mehr als Hühner standen.**

	Fehler	0 – 2 Fehler	3 – 5 Fehler	mehr als 5 Fehler
		Super!	In Ordnung!	Bitte noch einmal üben!

Keine Angst vor Potenzen und Wurzeln!

Quadratische Gleichungen: Eine, keine oder zwei Lösungen

Löse die quadratischen Gleichungen: a) $x^2 = 25$ b) $x^2 - 16 = 0$
c) $x^2 + 36 = 0$ d) $x^2 + 4x = 0$ e) $x^2 + 4x + 5 = 0$

a) $x^2 = 25$ $|\sqrt{}$ b) $x^2 - 16 = 0$ $|\sqrt{}$ c) $x^2 + 36 = 0$ $|- 36$ $|$
$\quad x = 5$ $\qquad\qquad\qquad\qquad x - 4 = 0 \qquad\qquad\qquad\qquad x^2 = -36\,|\sqrt{}$ $\quad$ $|$
2. Lösung fehlt $\qquad\qquad\qquad\quad x = 4 \qquad\qquad\qquad\qquad\quad x = -6$ $\qquad$ $|$

d) $x^2 + 4x = 0$ $\qquad\qquad\qquad\qquad$ e) $x^2 + 4x + 5 = 0$ $\qquad\qquad$ $|$ pq-Formel
$\quad x \cdot (x + 4) = 0$ $\quad |:x$ $\qquad\qquad\qquad\qquad x_{1/2} = 2 + \sqrt{(4 - 5)}$ $\qquad$ $\|$
$\qquad x + 4 = 0 \Rightarrow x = -4$ $\qquad\qquad\qquad\quad x_{1/2} = 2 + (-1)$ $\qquad\qquad$ $|$
$\qquad\qquad\qquad\qquad\qquad\qquad\qquad\quad \Rightarrow x_1 = 1;\ x_2 = -3$ $\qquad$ $|$

Regel

Gleichungen der Form $x^n = q$ heißen Potenzgleichungen.
Für $n = 1$ handelt es sich um die uns bekannten linearen Gleichungen.
Für $n = 2$ nennt man die Gleichungen **quadratische Gleichungen**.

1. Gleichungen der Form $x^2 = q$ heißen auch **reinquadratische
    Gleichungen**. Gesucht werden in diesem Fall alle Zahlen, die mit sich
    selbst multipliziert die Zahl q ergeben. Das bedeutet:
    Für $q > 0$ gibt es **zwei** Lösungen $\left(x_1 = \sqrt{q}; x_2 = -\sqrt{q}\right)$,
    für $q = 0$ gibt es **eine** Lösung $(x = 0)$.
    Da es keine Zahl gibt, die mit sich selbst malgenommen ein negatives
    Ergebnis liefert, gibt es für $q < 0$ **keine** Lösung.
    Beispiele: a) $x^2 = 16\,|\sqrt{}$ $\qquad$ b) $x^2 = 10\,|\sqrt{}$ $\qquad$ c) $4x^2 = 25\,|:4$
    $\qquad\qquad\quad x_1 = \sqrt{16} = 4 \qquad\quad x_1 = \sqrt{10} \approx 3{,}16 \qquad x^2 = \frac{25}{4}\,|\sqrt{}$
    $\qquad\qquad\quad x_2 = -\sqrt{16} = -4 \qquad x_2 = -\sqrt{10} \approx -3{,}16 \qquad x_1 = \frac{5}{2};\ x_2 = -\frac{5}{2}$

Tipp | Brüche werden quadriert, indem man Zähler und Nenner qua-
driert, z. B.: $\left(\frac{5}{7}\right)^2 = \frac{5^2}{7^2} = \frac{25}{49}$.
Entsprechend radiziert man einen Bruch, indem man aus Zähler
und Nenner getrennt die Wurzel zieht, z. B.: $\sqrt{\frac{36}{64}} = \frac{\sqrt{36}}{\sqrt{64}} = \frac{6}{8} = \frac{3}{4}$.

Übungen

1 Löse im Kopf.

a) $x^2 = 25$ L = {   }   b) $x^2 = 100$ L = {   }

c) $x^2 = 225$ L = {   }   d) $x^2 = 2{,}25$ L = {   }

e) $x^2 - 1 = 0$ L = {   }   f) $x^2 = 0$ L = {   }

g) $x^2 + 16 = 0$ L = {   }   h) $x^2 - 1024 = 0$ L = {   }

2 Gib die Lösungen als Bruch an.

a) $x^2 = \frac{4}{9}$ L = {   }   b) $x^2 = \frac{9}{289}$ L = {   }

c) $81x^2 = 25$ L = {   }   d) $x^2 - \frac{1}{4} = 30$ L = {   }

3 Schätze das Ergebnis zunächst. Bestimme dann die Lösungen mit dem Taschenrechner auf zwei Nachkommastellen genau

                      Schätzung: Taschenrechner:

a) $x^2 = 15$ L = {   }   L = {   }

b) $x^2 = 7$ L = {   }   L = {   }

c) $x^2 = 29$ L = {   }   L = {   }

d) $3x^2 = 36$ L = {   }   L = {   }

Regel

2. Gleichungen der Form $x^2 + px = 0$ heißen **gemischt-quadratische Gleichungen ohne Absolutglied**. Solche Gleichungen löst man, indem man faktorisiert (x ausklammert). Es entsteht das Produkt $x \cdot (x + p) = 0$. Da ein Produkt genau dann 0 ist, wenn einer der Faktoren 0 ist, ergeben sich die beiden Lösungen: $x_1 = 0$ und $x_2 = -p$.

    Beispiele: a) $x^2 + 4x = 0$ b) $2x^2 = 18x$ $|:2$

                  $x \cdot (x + 4) = 0$ $x^2 = 9x$ $|-9x$

                         $x_1 = 0;\ x_2 = -4$ $x^2 - 9x = 0$

                     $\Rightarrow$ L = {0; −4} $x \cdot (x - 9) = 0$

                               $x_1 = 0;\ x_2 = 9 \Rightarrow$ L = {0; 9}

Übungen

4 Löse durch Faktorisieren.

a) $x^2 - 12x = 0$

$$ = 0$$

$$\Rightarrow L = \{\}$$

b) $x^2 + 5,6x = 0$

$$ = 0$$

$$\Rightarrow L = \{\}$$

c) $x^2 - \frac{2}{3}x = 0$

$$ = 0$$

$$\Rightarrow L = \{\}$$

d) $2x^2 - 8x = 0$

$$ = 0$$

$$\Rightarrow L = \{\}$$

5 Gib eine quadratische Gleichung an, die die angegebene Lösung hat.

a) $L = \{-2; 2\}$

b) $L = \{0; 6\}$

c) $L = \{-\sqrt{3}; \sqrt{3}\}$

d) $L = \{0; \sqrt{3}\}$

e) $L = \{\ \}$

f) $L = \left\{-\frac{2}{5}; \frac{2}{5}\right\}$

Regel

3. Gleichungen der Form $ax^2 + bx + c = 0$ mit $a, b, c \neq 0$ heißen **gemischtquadratische Gleichungen**. ax^2 ist das quadratische, bx das lineare und c das absolute Glied. Dividiert man die Gleichung durch a, erhält man die **Normalform** $x^2 + px + q = 0$ mit $p = \frac{b}{a}$ und $q = \frac{c}{a}$. Meist ist es einfacher, die Gleichung auf die Normalform zu bringen und sie dann zu lösen. Dafür gibt es mehrere Verfahren, die in den nachfolgenden Beispielen erläutert werden.

Beispiel 1: Lösen durch Faktorisieren

Gelöst werden soll die Gleichung $x^2 + 6x + 9 = 0$. Der Term links des Gleichheitszeichens lässt sich mithilfe der binomischen Formeln umwandeln in $(x + 3)^2$. Die Gleichung heißt damit $(x + 3)^2 = 0$. Die Lösung lässt sich nun ganz einfach ablesen: $x = -3$, denn $(-3 + 3)^2 = 0^2 = 0$.

Beispiel 2: Lösen mit quadratischer Ergänzung

Gelöst werden soll die Gleichung $x^2 + 8x + 7 = 0$. Diesmal lässt sich der Term nicht in ein Binom umwandeln, da die 7 nicht „passt".

Man formt nun die Gleichung so um, dass links die 7 verschwindet.	$x^2 + 8x + 7 = 0 \qquad |-7$ $x^2 + 8x = -7$
Nun verändert man die Gleichung so, dass die linke Seite wieder ein Binom ergibt. Dazu muss man $\left(\dfrac{8}{2}\right)^2$, also $4^2 = 16$ ergänzen. Man nennt dies die **quadratische Ergänzung**.	$x^2 + 8x = -7 \qquad |+16$ $x^2 + 8x + 16 = -7 + 16$ $x^2 + 8x + 16 = 9$
Jetzt lässt sich die linke Seite faktorisieren.	$(x + 4)^2 = 9$
Diese Form der Gleichung lässt sich jetzt lösen. **Achtung: es gibt zwei Lösungen!**	$(x + 4)^2 = 9 \qquad |\sqrt{}$ $x + 4 = 3$ oder $x + 4 = -3$ $x_1 = -1; \ x_2 = -7$ $\Rightarrow L = \{-1; -7\}$

Beispiel 3: Lösen mit der Lösungsformel

Gelöst werden soll die Gleichung $x^2 + 10x - 11 = 0$. Für Gleichungen der

Form $x^2 + px + q = 0$ gilt: $x_{1/2} = -\dfrac{p}{2} \pm \sqrt{\left(\dfrac{p}{2}\right)^2 - q}$ („pq-Formel").

Den Ausdruck $\left(\dfrac{p}{2}\right)^2 - q$ unter der Wurzel nennt man **Diskriminante** (D).

Ist $D > 0$ hat die Gleichung zwei Lösungen, für $D = 0$ eine und für $D < 0$ keine Lösung. Beim Einsetzen gut auf die Vorzeichen achten:

$x^2 + 10x - 11 = 0 \qquad |\text{pq*}; \ p = 10; \ q = -11$

$$x_{1/2} = -\frac{10}{2} \pm \sqrt{\left(\frac{10}{2}\right)^2 - (-11)}$$
$$x_{1/2} = -5 \pm \sqrt{25 + 11}$$
$$x_{1/2} = -5 + \sqrt{36} \qquad (D > 0)$$
$$x_1 = -5 + 6 = 1$$
$$x_2 = -5 - 6 = -11 \Rightarrow L = \{1; -11\}$$

* pq-Formel anwenden

Übungen

6 Löse durch Faktorisieren.

a) $x^2 + 10x + 25 = 0$ b) $x^2 + 14x + 49 = 0$ c) $x^2 - 2x + 1 = 0$

d) $x^2 + x + \dfrac{1}{4} = 0$ e) $x^2 - \dfrac{2}{3}x + \dfrac{1}{9} = 0$ f) $x^2 - 18x + 81 = 144$

7 Löse mithilfe der quadratischen Ergänzung.

a) $x^2 + 8x = 9$ b) $x^2 + 6x = 40$ c) $x^2 - 3x = \dfrac{7}{4}$

d) $x^2 - 4x + 3 = 0$ e) $2x^2 - 16x + 30 = 0$ f) $10x^2 + 1 = 7x$

8 Löse mithilfe der Lösungsformel (pq-Formel).
Runde (wenn nötig) auf zwei Nachkommastellen.

a) $x^2 + 2x - 8 = 0$ b) $x^2 + 4x - 5 = 0$ c) $x^2 - 5x - 14 = 0$

d) $x^2 + 6x + 2 = 0$ e) $x^2 + \dfrac{1}{6}x - \dfrac{1}{3} = 0$ f) $2x^2 + 2{,}4x - 6{,}5 = 0$

Tipp | Hat eine quadratische Gleichung die Form $ax^2 + bx + c = 0$, kannst du sie entweder in die Normalform umwandeln (siehe Regel 3, Seite 66) oder sie direkt mit folgender **Form der Lösungsformel** lösen:

$$x_{1/2} = \frac{-b \pm \sqrt{b^2 - 4ac}}{2a}$$

9 Bestimme die Lösungen der Gleichung. Bringe sie zunächst auf die Normalform oder verwende die zweite Lösungsformel.

a) $2x^2 + 22x + 70 = 0$ b) $4x^2 + 52x + 88 = 0$

c) $\dfrac{7}{3}x^2 - 14x + 28 = 0$ d) $2x \cdot (14 - 3x) = 7 \cdot (7 - 3x)$

Tipp | Mit dem **Satz des Vieta** lässt sich leicht überprüfen, ob die beiden Lösungen einer quadratischen Gleichung richtig sind. Der Satz besagt: Sind x_1 und x_2 Lösungen der Gleichung $x^2 + px + q = 0$, so gilt: $x_1 + x_2 = -p$ und $x_1 \cdot x_2 = q$.

Beispiel: Die Gleichung $x^2 + 8x + 7 = 0$ hat die Lösungen $x_1 = -1$ und $x_2 = -7$. Es gilt: $-1 + (-7) = -8 = -p$ und $-1 \cdot (-7) = 7 = q$.

10 Prüfe mit dem Satz des Vieta, ob die angegebenen Lösungen stimmen.

a) $x^2 - 4x + 3 = 0$ $L = \{-3; -1\}$ ☐ wahr   ☐ falsch
b) $x^2 + 2x - 3 = 0$ $L = \{-3; 1\}$ ☐ wahr   ☐ falsch
c) $x^2 + 2x - 24 = 0$ $L = \{4; -6\}$ ☐ wahr   ☐ falsch
d) $x^2 - 2x - 35 = 0$ $L = \{-7; -5\}$ ☐ wahr   ☐ falsch

11 a) Bei einem Quadrat werden die Seiten um 4 cm verlängert. Das neue Quadrat hat eine Fläche von 729 cm². Welche Kantenlänge hatte das ursprüngliche Quadrat?

b) Das Dreifache einer Zahl ist um 10 kleiner als ihr Quadrat. Für welche Zahlen trifft das zu?

c) Berechne die Rahmenbreite x im rechts abgebildeten Bilderrahmen. Die Rahmenfläche beträgt 304 cm².

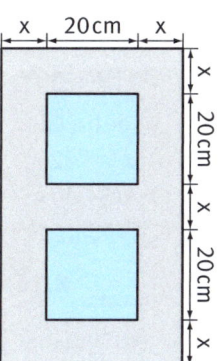

Fehler-Check

1 Kontrolliere Kevins Hausaufgaben: Unterstreiche alle Fehler.

a) $x^2 - 5x - 6 = 0$

$x_{1/2} = -\dfrac{5}{2} \pm \sqrt{\left(\dfrac{5}{2}\right)^2 + 6}$

$x_{1/2} = -\dfrac{5}{2} \pm \sqrt{\dfrac{25}{4} + \dfrac{24}{4}}$

$x_{1/2} = -\dfrac{5}{2} \pm \dfrac{7}{4}$

$L = \left\{ -\dfrac{3}{4}; -\dfrac{14}{4} \right\}$

b) $x^2 + 75 = 196 \quad | +6$

$x^2 + 81 = 196$

$(x + 9)^2 = 196 \quad | \sqrt{}$

$x + 9 = 14$

$L = \{5\}$

c) $x^2 + 8 - 9x = 0$

$x_{1/2} = -4 \pm \sqrt{16 + 9}$

$x_{1/2} = -4 \pm 25$

$x_1 = 21; \; x_2 = -29$

2 Bestimme die Lösungsmenge.

a) $20x^2 - 5 = 0$

b) $9x^2 + 16x = 0$

c) $x^2 + 2x - 48 = 0$

d) $\dfrac{1}{2}x^2 + x - \dfrac{1}{5} = -\dfrac{4}{3}x - 2x^2 + 3$

3 Überprüfe, ob die gegebenen Lösungen stimmen.

a) $x^2 + 11x - 336 = 0$; $x_1 = 7$; $x_2 = -18$

b) $x^2 - \dfrac{5}{12}x - \dfrac{1}{4} = 0$; $x_1 = \dfrac{3}{4}$; $x_2 = -\dfrac{1}{3}$

c) $x^2 + 0{,}5x - 16{,}5 = 0$; $x_1 = 4{,}5$; $x_2 = -4$

d) $x^2 + \dfrac{8}{15}x - \dfrac{1}{15} = 0$; $x_1 = \dfrac{1}{5}$; $x_2 = \dfrac{1}{3}$

	Fehler	0 – 2 Fehler	3 – 5 Fehler	mehr als 5 Fehler
		Super!	In Ordnung!	Bitte noch einmal üben!

Gleichungen höheren Grades

Löse die Gleichung.
a) $x^4 = 625$
b) $x^5 = -243$
c) $x^4 - 24x^2 - 25 = 0$
d) $x^3 + x^2 - 17x + 15 = 0$

a) $x^4 = 625 \quad | \sqrt{}$ b) $x^5 = -243 \quad | \sqrt[5]{}$ **I**

$\underline{x = 5}$ **2. Lösung fehlt**   Minus unter der Wurzel $\Rightarrow$ $\underline{\text{keine Lösung}}$ **II**

c) $x^4 - 24x^2 - 25 = 0$ d) $x^3 + x^2 - 17x + 15 = 0$

$\quad | $ setze $x^2 = z$ Probieren liefert $x_1 = 1$

$z^2 - 24z - 25 = 0$ $(x^3 + x^2 - 17x + 15) : (x + 1) = x^2 + 2x - 15$ **I**

$x_{1/2} = 12 \pm \sqrt{144 + 25}$ $\underline{-x^3 + x^2}$ **Klammer**   **Vorzeichenfehler** **II**

$\quad = 12 \pm 13$ $2x^2 - 17x$ **I**

$z_1 = 25; \; z_2 = -1$ $\underline{-2x^2 + 2x}$ **Klammer** **I**

$\Rightarrow x_1 = 5; x_2 = -5; x_3 = 1;$ $-15x + 15$ **I**

$\underline{x_4 = -1}$ **Denkfehler** $\underline{-15x - 15}$ **I**

$\quad\quad\quad\quad\quad \overline{} \; $ **Rechenfehler** **I**

$x^2 + 2x - 15 = 0$

$x_{1/2} = -1 \pm \sqrt{1 + 15} = -1 \pm 4$ **I**

$x_1 = 3; \; x_2 = -5 \Rightarrow \underline{L = \{3; -5\}}$ **III**

Regel

1. Potenzgleichungen in der Form $x^n = a$ haben entweder zwei, eine oder gar keine Lösung. Dies hängt von n und a ab. Es gilt:

	n gerade	n ungerade
$a > 0$	$x_1 = \sqrt[n]{a}; \; x_2 = -\sqrt[n]{a}$	$x = \sqrt[n]{a}$
$a = 0$	$x = 0$	$x = 0$
$a < 0$	keine Lösung	$x = -\sqrt[n]{|a|}$

$|a|$ nennt man den **Betrag** der Zahl a. Er gibt den Abstand einer Zahl zur Null an. Es gilt: $|a| = a$ für $a \geq 0$ und $|a| = -a$ für $a < 0$; z. B.: $|4| = 4$; $|-5| = -(-5) = 5$

Beispiele:

a) $x^4 = 81$

n gerade, $a > 0$

$x_1 = \sqrt[4]{81} = 3$

$x_2 = -\sqrt[4]{81} = -3$

$\Rightarrow L = \{-3; 3\}$

b) $x^4 + 4096 = 0 \mid -4096$

$x^4 = -4096$

n gerade, $a < 0$

$\Rightarrow$ keine Lösung

$L = \{\ \}$

c) $2x^3 + 250 = 0 \quad \mid -250$

$2x^3 = -250 \mid : 2$

$x^3 = -125$

n ungerade, $a < 0$

$\Rightarrow x = -\sqrt[3]{|-125|}$

$= -\sqrt[3]{125} = -5$

$L = \{-5\}$

Übungen

1 Kreuze alle richtigen Lösungen an.

a) $x^3 = 27$ ☐ $x = 3$ ☐ $x = -3$ ☐ $x = \sqrt{27}$ ☐ $x = \sqrt[3]{27}$

b) $x^4 = 256$;   ☐ $x = 6$ ☐ $x = 4$ ☐ $x = 64$ ☐ $x = -4$

c) $-x^4 = -16$ ☐ $x = -2$ ☐ $x = 8$ ☐ $x = L = \{\ \}$ ☐ $x = 2$

d) $x^5 = -243$ ☐ $x = 3$ ☐ $x = -5$ ☐ $L = \{\ \}$ ☐ $x = -3$

2 Löse die Gleichungen.

a) $3x^4 = 48 \Rightarrow L = \{\qquad\}$ b) $x^3 = -\frac{1}{27} \Rightarrow L = \{\qquad\}$

c) $-2x^4 - 38 = 0 \Rightarrow L = \{\qquad\}$ d) $x^5 = \frac{32}{243} \Rightarrow L = \{\qquad\}$

Regeln

2. Gleichungen der Form $ax^4 + bx^2 + c = 0$ heißen **biquadratische** („doppeltquadratische") **Gleichungen**. Man löst sie durch **Substitution**. Dabei ersetzt man x^2 durch eine andere Variable, z. B. **z**. Da $x^4 = (x^2)^2$ gilt damit auch $x^4 = z^2$. Nach der Substitution heißt die Gleichung $az^2 + bz + c = 0$. Es handelt sich also „nur" noch um eine normale quadratische Gleichung, die man mit einem geeigneten Verfahren lösen kann. Wenn man abschließend wieder resubstituiert ergeben sich die Lösungen $x_{1/2} = \pm\sqrt{z_1}$; $x_{3/4} = \pm\sqrt{z_2}$ für $z_1, z_2 \geq 0$.

Beispiel:

$x^4 - 13x^2 + 36 = 0 \qquad \mid$ setze $x^2 = z$

$z^2 - 13z + 36 = 0 \qquad \mid pq$

$z_{1/2} = \frac{13}{2} \pm \sqrt{\frac{169}{4} - \frac{144}{4}} = \frac{13}{2} \pm \frac{5}{2}$

$z_1 = \frac{18}{2} = 9; \quad z_2 = \frac{8}{2} = 4$

Resubstitution: $z = x^2$

$x^2 = 9 \Rightarrow x_{1/2} = \pm 3$

$x^2 = 4 \Rightarrow x_{3/4} = \pm 2$

$\Rightarrow L = \{\pm 2; \pm 3\}$

3. Gleichungen der Form $a_n x^n + a_{n-1} x^{n-1} + ... + a_1 x + a_0 = 0$ nennt man für $n \geq 3$ auch **Gleichungen höheren Grades** ($x^3 + 4x^2 - 5x + 3 = 0$ ist eine Gleichung 3. Grades, da der höchste Exponent 3 ist). Solche Gleichungen löst man, indem man sie in Linearfaktoren zerlegt. Dazu kann man entweder x ausklammern oder man muss, wenn das nicht geht, eine **Polynomdivision** durchführen.

Beispiele:

a)
$$-2x^3 + 4x^2 - \frac{3}{2}x = 0$$
$$x \cdot \left(-2x^2 + 4x - \frac{3}{2}\right) = 0$$
$$-2x^2 + 4x - \frac{3}{2} = 0 \quad |:(-2)$$
$$x^2 - 2x + \frac{3}{4} = 0 \quad |pq$$
$$\Rightarrow x_2 = 1{,}5; \, x_3 = 0{,}5$$
$$\Rightarrow L = \{0; \, 0{,}5; \, 1{,}5\}$$

Da jedes Glied des linken Terms (auch Polynom genannt) ein x enthält, kann man es ausklammern. – Wir wissen nun, dass $x_1 = 0$ (vgl. Regel 2, Seite 65). Die restlichen Lösungen stecken im Term in der Klammer. Achtung: $x_1 = 0$ nicht vergessen!

b) $x^3 + x^2 - 10x + 8 = 0 \Leftrightarrow x_1 = 1$, denn $1^3 + 1^2 - 10 \cdot 1 + 8 = 0$
Da sich hier kein x ausklammern lässt, muss man eine sogenannte **Polynomdivision** durchführen. Dazu benötigt man eine Lösung (x_1) der Gleichung. Nun dividiert man den Term durch die Klammer $(x - x_1)$. Die einzelnen Schritte sind:

$$(x^3 + x^2 - 10x + 8) : (x - 1) = x^2 + 2x - 8$$
$$\underline{-(x^3 - x^2)}$$
$$2x^2 - 10x$$
$$\underline{-(2x^2 - 2x)}$$
$$-8x + 8$$
$$\underline{-(-8x + 8)}$$
$$-\, -$$

① Division von x^3 durch $x \Rightarrow x^2$.

② Multiplikation von x^2 mit der Klammer $(x - 1) \Rightarrow x^3 - x^2$.

③ Subtraktion dieses Ergebnisses von den ersten beiden Gliedern des Polynoms

④ Zum Rest $2x^2$ wird das nächste Glied $(-10x)$ dazugeholt.

⑤ Mit diesen beiden Gliedern beginnt die Division von vorne.

⑥ Die Schritte werden so oft durchgeführt, bis die Division aufgegangen ist. Das Ergebnis $(x^2 + 2x - 8)$ wird $= 0$ gesetzt und die restlichen Lösungen werden bestimmt.

$$x^2 + 2x - 8 = 0 \quad |pq$$
$$x_{2/3} = -1 \pm \sqrt{1 + 8}$$
$$x_{2/3} = -1 \pm \sqrt{9}$$
$$x_2 = -1 + 3 = 2$$
$$x_3 = -1 - 3 = -4$$
$$\Rightarrow L = \{-4; \, 1; \, 2\}$$

Übungen

3 Löse die Aufgaben in deinem Heft mithilfe der Substitution.

a) $x^4 - 25x^2 + 144 = 0$

b) $x^4 + 3x^2 - 40 = 0$

c) $2x^4 - 10x^2 + 8 = 0$

d) $4x^4 - 5x^2 - 9 = 0$

4 Löse die Aufgaben (im Heft), indem du zunächst x ausklammerst.

a) $x^3 + 11x^2 + 10x = 0$

b) $3x^3 + 30x^2 + 75x = 0$

c) $x^3 - 19x^2 - 42x = 0$

d) $5x^3 - 10x^2 - 8x = 0$

5 Löse die nachfolgenden Gleichungen höheren Grades mithilfe einer Polynomdivision. Die dafür benötigte Lösung ist jeweils angegeben.

a) $x^3 - 3x^2 - 6x + 8 = 0$; $x_1 = 1$

b) $x^3 - 7x^2 + 7x + 15 = 0$; $x_1 = -1$

c) $x^3 - x^2 - 16x - 20 = 0$; $x_1 = -2$

d) $x^3 + 12 = 3x^2 + 4x$; $x_1 = 2$

Fehler-Check

1 Gibt die Lösungen an.

a) $x^3 = 64 \Rightarrow L = \{\qquad\}$

b) $x^4 = -16 \Rightarrow L = \{\qquad\}$

c) $x^3 = -125 \Rightarrow L = \{\qquad\}$

d) $80x^4 - 5 = 0 \Rightarrow L = \{\qquad\}$

2 Korrigiere die Aufgaben aus der Klassenarbeit auf Seite 70.

3 Löse die Gleichungen höheren Grades in deinem Heft. Musst du eine Polynomdivision durchführen, dann finde die Lösungen durch Probieren (setze ±1; ±2 … in die Gleichung ein).

a) $x^3 + 9x^2 + 14x = 0$

b) $x^4 - 20x^2 + 64 = 0$

c) $3 \cdot (x^3 + 1) = 7x \cdot (x + 1)$

	Fehler	0 – 2 Fehler	3 – 5 Fehler	mehr als 5 Fehler
		Super!	In Ordnung!	Bitte noch einmal üben!

Wurzelgleichungen: Nicht jede richtige Lösung stimmt

1. Gib die Definitionsmenge des Wurzelterms an.

   a) $\sqrt{x+1}$

   $D = \{x \in \mathbb{R} \mid x > -1\}$ **ungenau**

   b) $\sqrt{3-x}$

   $D = \{x \in \mathbb{R} \mid x \geq 3\}$ **Denkfehler** **||**

2. Löse die Wurzelgleichung.

   a) $\sqrt{x} = 2 \mid ()^2$

   $x = 2$ **Rechenfehler**

   $L = \{2\}$ **Probe vergessen**

   b) $\sqrt{x+1} = -1 \mid ()^2$

   $x + 1 = 1 \quad \mid -1$

   $x = 0$ **|**

   $L = \{0\}$ **Probe!** **|**

   c) $\sqrt{5-x} = x + 1 \mid ()^2$

   $5 - x = x^2 + 1$ **Rechenfehler** **|**

   $x^2 + x - 4 = 0$

   $x_{1/2} = -\frac{1}{2} +- \sqrt{\frac{1}{4} + 4} = -\frac{1}{2} \pm 2$ **ungenau** **|**

   $x_1 = 1{,}5; \; x_2 = -2{,}5 \Rightarrow L = \{1{,}5 \; -2{,}5\}$ **Probe vergessen** **|**

Regeln

1. Eine Gleichung, bei der die Variable in mindestens einem Radikanden (Term unter der Wurzel) vorkommt, nennt man **Wurzelgleichung**.
   Beispiele:
   a) $\sqrt{x+2} = x - 4$ (Wurzelgleichung)
   b) $\sqrt{5} \cdot x - \sqrt{7} = 0$ (keine Wurzelgleichung)

2. Da Wurzeln nur für positive Radikanden definiert sind, kann man in der Regel nicht alle Zahlen der Grundmenge in einen Wurzelterm einsetzen. Es ist wichtig, eine Definitionsmenge anzugeben.
   Beispiele: a) $\sqrt{x-3}$: Für alle Zahlen < 3 wäre der Radikand $(x - 3)$ negativ und die Wurzel nicht definiert. Für die Definitionsmenge gilt also: $D = \{x \in \mathbb{R} \mid x \geq 3\}$
   b) $\sqrt{5 - 2x}$: Hier wäre der Radikand für alle Zahlen $> 2{,}5$ negativ, also: $D = \{x \in \mathbb{R} \mid x \leq 2{,}5\}$

Übungen

1 Bei welchen Gleichungen handelt es sich um Wurzelgleichungen?

a) $\dfrac{\sqrt{3} + x}{x + 2} = \sqrt{4}\,x$ b) $\sqrt{x} = 7$ c) $\dfrac{\sqrt{x + 1}}{x + 3} = 4$ d) $\left(\sqrt{4} + x\right)^{3} = 27$

Lösung: *sind Wuzelgleichungen. Bei den anderen*

2 Gib die Definitionsmenge der Wurzelterme an.

a) $\sqrt{x + 1}$; D =   b) $\sqrt{a - 7}$; D =

c) $\sqrt{2x - 4}$; D =   d) $\sqrt{3x + 1}$; D =

e) $\sqrt{5x + 4}$; D =   f) $\sqrt{8 - 2a}$; D =

Regeln

3. Wurzelgleichungen löst man, indem man beide Seiten der Gleichung potenziert. **Achtung: Potenzieren ist keine Äquivalenzumformung!**
Beispiel: Die Gleichung $x = 2$ hat die Lösung 2. Quadriert man beide Seiten, entsteht die Gleichung $x^2 = 4$. Die hat nun aber die Lösungen $x = 2$ und $x = -2$. -2 ist aber keine Lösung unserer ursprünglichen Gleichung, sondern nur eine „Scheinlösung".

4. Da das Potenzieren keine Äquivalenzumformung ist, **muss** man bei Wurzelgleichungen **immer eine Probe durchführen**. Erst wenn man sich vergewissert hat, dass die Lösungen stimmen, darf man die Lösungsmenge angeben.
Beispiel:

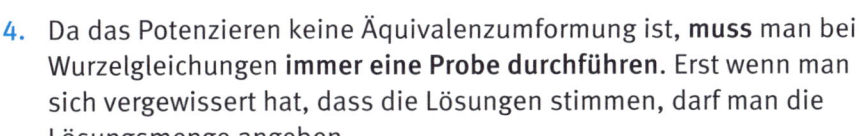

$$\sqrt{x + 6} = x \qquad |(\ )^2; \ D = \{x \in \mathbb{R} \mid x \geq -6\}$$

Probe:

$$x + 6 = x^2 \qquad |-x - 6 \qquad \sqrt{3 + 6} = 3 \Leftrightarrow \sqrt{9} = 3$$

$$0 = x^2 - x - 6 \quad |pq \qquad 3 = 3 \ \text{wahr}$$

$$\sqrt{-2 + 6} = -2 \Leftrightarrow \sqrt{4} = -2$$

$$x_{1/2} = \frac{1}{2} \pm \sqrt{\frac{1}{4} + \frac{24}{4}} = \frac{1}{2} \pm \frac{5}{2} \qquad 2 = -2 \ \text{falsch}$$

$$x_1 = \frac{6}{2} = 3; \ x_2 = -\frac{4}{2} = -2 \qquad \Rightarrow L = \{3\}$$

5. Steht die Wurzel **nicht alleine** auf einer Seite, sondern in einer Summe oder Differenz, dann muss man sie auf einer Seite isolieren, ehe man potenziert. Produkte und Quotienten kann man direkt potenzieren.

Beispiel:

$\sqrt{x+5} + 1 = x$ $\qquad |-1$, Wurzel isolieren

$\qquad \sqrt{x+5} = x - 1$ $\qquad |(\ )^2$ auf Binom achten!

$\qquad\quad x + 5 = x^2 - 2x + 1$ $\quad |-x-5$

$\qquad\qquad 0 = x^2 - 3x - 4$ $\quad |pq$

$x_1 = 4$; $x_2 = -1$

Probe: $\sqrt{4+5} + 1 = 4 \Leftrightarrow 3 + 1 = 4 \Leftrightarrow 4 = 4$; wahr

$\sqrt{-1+5} + 1 = -1 \Leftrightarrow 2 + 1 = -1 \Leftrightarrow 3 = -1$; falsch $\Rightarrow L = \{4\}$

Tipp | Da du bei Wurzelgleichungen sowieso immer eine Probe machen musst, kannst du auf die Angabe der Definitionsmenge verzichten (es sei denn, sie ist ausdrücklich verlangt).
Sollte eine Lösung nämlich dazu führen, dass die Wurzel nicht definiert wäre, merkst du das bei der Probe.

Übungen

3 Zum Warmwerden ...

a) $\sqrt{x} = 7$ $\qquad$ b) $\sqrt{2x} = 5$ $\qquad$ c) $\sqrt{3x} = -4$

d) $-2 \cdot \sqrt{x} = -6$ $\qquad$ e) $\sqrt{4x} - 6 = 0$ $\qquad$ f) $\dfrac{\sqrt{x}}{3} - \dfrac{1}{2} = 0$

4 Löse. Die richtigen Lösungen sind im Radieschen versteckt.

a) $\sqrt{x-1} = 5$ $\qquad$ b) $\sqrt{x+9} = 7$

c) $\sqrt{x+5} = 4$ $\qquad$ d) $\sqrt{6-x} = 4$

e) $3 \cdot \sqrt{x-2} = 12$ $\quad$ f) $-2 \cdot \sqrt{3-x} + 6 = 0$

26 20
2 − 40 − 6
11 40
19 18 10

5 Isoliere die Wurzel, bevor du potenzierst.

a) $\sqrt{x+1} + 1 = x$ $\quad$ b) $\sqrt{x-1} + 7 = x$

c) $\sqrt{x+1} + x = 5$ $\quad$ d) $\sqrt{x+4} + 2 = x$

„Radizieren" kommt von „Radix" (lat.: Wurzel).
Radieschen übrigens auch; es heißt so viel wie „Würzelchen".

Tipp | Bei manchen Wurzelgleichungen musst du mehr als einmal potenzieren, um ans Ziel zu kommen.

Beispiel:

$$\sqrt{x} = -2 + \sqrt{x + 8} \qquad |+ 2 \text{ „größere" Wurzel isolieren}$$
$$\sqrt{x} + 2 = \sqrt{x + 8} \qquad |(\ )^2$$
$$\left(\sqrt{x} + 2\right)^2 = x + 8 \qquad |\text{Achtung: Binom}$$
$$x + 4\sqrt{x} + 4 = x + 8 \qquad |\text{Wurzel isolieren}$$
$$4\sqrt{x} = 4 \qquad |(\ )^2 \text{ erneut quadrieren}$$
$$16x = 16$$
$$x = 1$$

Probe $\sqrt{1} = -2 + \sqrt{1 + 8} \Leftrightarrow 1 = -2 + 3 \Leftrightarrow 1 = 1;$ wahr $\Rightarrow L = \{1\}$

6 Kämpfe dich durch das Wurzelgeflecht...

a) $\sqrt{x + 7} - 1 = \sqrt{x}$ b) $\sqrt{x + 5} + 2 = \sqrt{x}$

c) $\sqrt{x + 8} = 4 \cdot \sqrt{x - 7}$ d) $\sqrt{x - 3} + 1 = \sqrt{x + 2}$

Fehler-Check

1 Gib je eine Wurzelgleichung und eine „Nicht-Wurzelgleichung" an, die die angegebene Lösung hat.

a) $L = \{9\}$ b) $L = \{-2\}$ c) $L = \left\{\frac{1}{4}\right\}$ d) $L = \{-0,3\}$

2 Korrigiere die Klassenarbeit von Seite 74.

3 Entscheide dich, welches Anforderungsniveau du schaffen willst (du darfst natürlich auch alle lösen ...).

a) $6 = \sqrt{6x - 9}$ b) $\sqrt{\frac{1}{3}x} = \sqrt{x + 2}$ leicht

c) $\sqrt{x + 3} - x = 1$ d) $3 + \sqrt{x - 1} = x$ mittel

e) $2 \cdot \sqrt{3x - 5} - \sqrt{2x - 5} = 5$ f) $\sqrt{2x + \sqrt{4x - 3}} = 3$ anspruchsvoll

	Fehler	0 – 2 Fehler	3 – 5 Fehler	mehr als 5 Fehler
		Super!	**In Ordnung!**	**Bitte noch einmal üben!**

Gib die Lösungsmenge der Ungleichung an und stelle sie auf einem Zahlenstrahl dar.

a) $G = \mathbb{Q}$

$3x + 6 \leq 0 \qquad |-6$

$3x \geq -6 \quad |:3$

$x \geq -2$

$L = \{\geq -2\}$

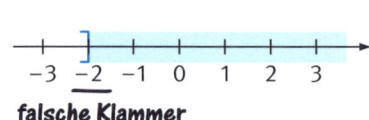

falsche Klammer

b) $G = \mathbb{N}$

$2 - x < 4 \qquad |-2$

$-x < 2 \qquad |\cdot(-1)$

$x \leq -2$

$L = \{< -2\}$

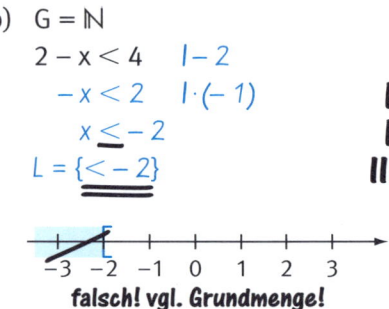

falsch! vgl. Grundmenge!

Regeln

1. Sind die zwei Seiten einer „Gleichung" *nicht* gleich groß, sondern ist die eine Seite größer ($>$), größer-gleich ($\geq$), kleiner ($<$) oder kleiner-gleich ($\leq$) als die andere, dann spricht man von einer **Ungleichung**.
   Beispiele:
   a) $x < 4$ (alle Zahlen, die kleiner sind als 4, *ohne* die 4)
   b) $x \geq -2$ (alle Zahlen, die größer sind als -2, *inklusive* der -2)

Tipp | Um die Bedeutung der Ungleichheitszeichen nicht zu verwechseln, kannst du dir merken, das „kleiner als" Zeichen ist das, aus dem du ein K (für kleiner) machen kannst: $< \rightarrow$ K $\rightarrow$ K

2. Ungleichungen löst man wie andere Gleichungen auch, indem man sie durch Äquivalenzumformungen vereinfacht.
   Die Äquivalenzumformungen bei Ungleichungen sind:
   – Addition und Subtraktion des gleichen Terms auf beiden Seiten der Ungleichung;
   – Multiplikation mit und Division durch gleiche **positive** Zahlen ($\neq 0$). Multipliziert man mit oder dividiert man durch negative Zahlen, **muss sich das Ungleichheitszeichen „umdrehen"**, d. h. aus $<$ wird $>$ und umgekehrt (was bei der Teilaufgabe b) oben im Klassenarbeitsauszug nicht gemacht wurde). Auch wenn man die beiden Seiten vertauscht, muss man das Ungleichheitszeichen „umdrehen".

Beispiele: $-2 + x < 5 \quad |+2 \qquad 3x \geq 9 \quad |:3 \qquad -6x < 12 \quad |:(-6)$

$\qquad\qquad\qquad x < 7 \qquad\qquad\quad x \geq 3 \qquad\qquad\qquad x > -12$

sind alles Äquivalenzumformungen.

$\qquad\qquad -3x \leq 15 \quad |:(-3) \qquad \frac{-x}{4} > 2 \quad |\cdot(-4) \qquad x < 5$

$\qquad\qquad\quad x \leq -15 \;\textbf{falsch} \qquad\quad x > -8 \;\textbf{falsch} \qquad 5 < x \;\textbf{falsch}$

Hier hätte man das Ungleichheitszeichen umdrehen müssen!

3. Die Lösungsmenge einer Ungleichung enthält in der Regel viele, oft sogar beliebig viele Lösungen. Man gibt sie daher entweder in beschreibender oder aufzählender Form an.
   Beispiele:
   $x > 2; \; x \in \mathbb{Z}: \; L = \{x \in \mathbb{Z} \mid x > 2\}$ beschreibende Form
   $\qquad\qquad\qquad L = \{3; 4; 5;...\}$ aufzählende Form
   $x \leq 3; \; x \in \mathbb{N}: \; L = \{x \in \mathbb{N} \mid x \leq 3\}; \; L = \{0; 1; 2; 3\}$

4. Es kann hilfreich sein, sich die Lösungsmenge auf einem **Zahlenstrahl** zu verdeutlichen. Dabei muss man darauf achten, ob in der Unglei-chung $>$ ($<$) oder $\geq$ ($\leq$) steht.
   Beispiele:
   a) $x \geq 2$

   Einschließende Klammer,
   die 2 gehört zur Lösungsmenge.

   b) $x < 1$

   Ausschließende Klammer,
   die 1 gehört *nicht* zur Lösungsmenge.

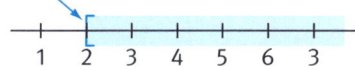

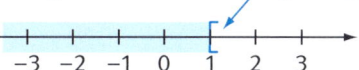

Übungen

❶ Setze das richtige Zeichen ein.

a) 4 ⬛ 7

b) -3 ⬛ -2

c) 0,5 ⬛ $\frac{3}{5}$

d) $-1,01$ ⬛ $-1,10$

e) $-\frac{1}{4}$ ⬛ $-\frac{1}{5}$

f) a^2 ⬛ b^2, wenn $a > b$

❷ Führe die angegebenen Äquivalenzumformungen durch.

a) $3x + 7 < 13 \qquad\qquad |-7$

b) $12 + 2x \geq 10 \qquad\qquad |-12$

$\qquad\qquad\qquad\qquad\qquad\quad |:3$

$\qquad\qquad\qquad\qquad\qquad\qquad\qquad\qquad\quad |:2$

c) $-\dfrac{3}{4}x - \dfrac{9}{4} < \dfrac{15}{4}$ $\Big|+\dfrac{9}{4}$ d) $5\cdot(-3x-8)+9x \geq -28$ |Kl. aufl.

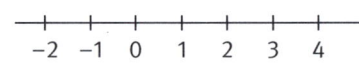 $\Big|\cdot\left(-\dfrac{4}{3}\right)$ 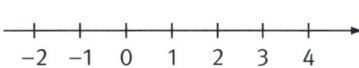 |zf.

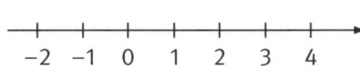   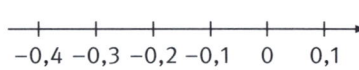 |+40

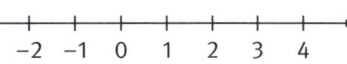 |:(−6)

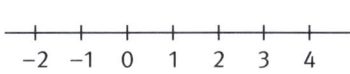

❸ Stelle die angegebene Lösung auf dem Zahlenstrahl dar.

a) $x < 3$ b) $x \geq -2$

```
  +--+--+--+--+--+--+--+-->          +--+--+--+--+--+--+--+-->
 -2 -1  0  1  2  3  4              -2 -1  0  1  2  3  4
```

c) $x \leq 1,5$ d) $x > -0,3$

```
  +--+--+--+--+--+--+--+-->          +--+--+--+--+--+--+--+-->
 -2 -1  0  1  2  3  4           -0,4 -0,3 -0,2 -0,1  0  0,1
```

❹ Löse die Ungleichungen. Stelle das Ergebnis auf dem Zahlenstrahl dar.

a) $3x - 2 \leq 7$ b) $-x + 5 > 4$

```
  +--+--+--+--+--+--+--+-->          +--+--+--+--+--+--+--+-->
 -2 -1  0  1  2  3  4              -2 -1  0  1  2  3  4
```

c) $-\dfrac{1}{2}x + 5 < \dfrac{23}{4}$ d) $-0,5 \cdot (6-3x) \geq -4,5$

```
  +--+--+--+--+--+--+--+-->          +--+--+--+--+--+--+--+-->
 -2 -1  0  1  2  3  4              -2 -1  0  1  2  3  4
```

Regel

5. Bei Ungleichungen beeinflusst die **Grundmenge** die Lösungsmenge oft wesentlich.

   Beispiel:

   $3x - 5 < -14$ |+5   a) $G = \mathbb{R}$ $L = \{x \in \mathbb{R} \,|\, x < -3\}$

        $3x < -9$ |:3   b) $G = \mathbb{Z}$ $L = \{x \in \mathbb{Z} \,|\, x < -3$ oder

           $x < -3$ $L = \{...; -5; -4\}$

                              c) $G = \mathbb{N}$ $L = \{ \}$; es gibt keine negativen

                                        Zahlen in $\mathbb{N} = \{0; 1; 2; ...\}$

   Wenn keine Grundmenge angegeben ist, geht man von der größtmöglichen Menge (in der Regel $\mathbb{R}$) aus.

Übung

5 Gib die Lösungsmenge an. Achte auf die Grundmenge.

a) $2 \cdot (7 - x) < 18$ $G = \mathbb{Z}$ $L =$

b) $5 - \frac{1}{2}x > 3$ $G = \mathbb{N}$ $L =$

c) $-3 \cdot \left(1 - \frac{2}{3}x\right) < -8$ $G = \mathbb{N}$ $L =$

Fehler-Check

1 Fülle die Lücken aus.

a)	b)	c)
$-3x < 9 \;\;\vert : (-3)$	$3 + x > -4 \;\;\vert -3$	$-10x + 20 < 2x - 4 \qquad \vert -2x - 20$
$x \quad -3$	$x \quad -7$	$\quad\quad < \qquad\qquad \vert :$
		$\qquad x$

2 In jeder Aufgabe sind zwei Fehler versteckt. Finde sie!

a)
$$2x - 5 < 6 + 3x \quad \vert -2x$$
$$-5 < 6 + x \quad \vert -6$$
$$-11 < x$$
$$x < -11$$

b)
$$10 - 4x < 2x + 4 \quad \vert -2x$$
$$10 - 2x < 4 \quad \vert -10$$
$$-2x < -6 \quad \vert : (-2)$$
$$x < 3$$

3 Löse die Ungleichungen. Gib eine Lösungsmenge an und stelle das Ergebnis grafisch dar. (Zahlenstrahldarstellung bei ganzen und natürlichen Zahlen ist z.B. für $x \geq 3$:).

a) $10 - 4x < 2x + 4$; $G = \mathbb{R}$ b) $2 - (7 + x) \leq 4 \cdot (-x + 1)$; $G = \mathbb{N}$

c) $\frac{2x + 5}{-3} < \frac{4 - 3x}{2}$; $G = \mathbb{R}$ d) $\frac{2x - 1}{4} - \frac{4x + 5}{12} > \frac{3x - 2}{6} + 4$; $G = \mathbb{N}$

	Fehler	0 – 2 Fehler	3 – 4 Fehler	mehr als 4 Fehler
		Super!	In Ordnung!	Bitte noch einmal üben!

Exponentialgleichungen

Löse die Exponentialgleichung.

a) $4^x = 16$

$\quad x = 4$

b) $3^x + 9 = 0 \quad | -9$

$\quad 3^x = -9$

$\quad x = -2$

c) $\quad 3^{x+1} = 81$

$\quad 3^x + 3 = 81 \quad | -3$

$\quad\quad 3^x = 78$

$\quad\quad x = \log_3 78 \approx 1{,}9$

d) $\quad 2 \cdot 2^{x-1} = 64$

$\quad 4^{x-1} = 64 \quad\quad | \log$

$\quad x - 1 \cdot \log 4 = \log 64 \quad | : \log 4$

$\quad x - 1 = \dfrac{\log 64}{\log 4} \quad\quad | +1$

$\quad x = \log\left(\dfrac{64}{4}\right) + 1 \approx 2{,}2$

Regeln

1. Gleichungen, bei denen die zu bestimmende Variable im Exponenten steht, nennt man **Exponentialgleichungen**.

2. Lässt sich eine solche Exponentialgleichung auf die Form $a^x = a^n$ mit $a \in \mathbb{R}^+ \backslash \{1\}$ bringen*, dann kann man die Gleichung durch den soge-nannten „**Exponentenvergleich**" lösen. Da links und rechts die Basis gleich ist, müssen auch die Exponenten gleich sein.

   Beispiele: a) $4^x = 16$ b) $3^x = 81$ c) $2^{3x} = 32$

   $\quad\quad\quad\quad\quad 4^x = 4^2 \quad\quad\quad\quad 3^x = 3^4 \quad\quad\quad\quad 2^{3x} = 2^5$

   $\quad\quad\quad\quad\quad\;\; x = 2 \quad\quad\quad\quad\;\; x = 4 \quad\quad\quad 3x = 5 \Rightarrow x = \dfrac{5}{3}$

Übungen

1 Löse im Kopf.

a) $3^x = 27$

$\quad x = $

b) $5^x = 625$

$\quad x = $

c) $\left(\dfrac{1}{7}\right)^x = \dfrac{1}{49}$

$\quad x = $

d) $\left(\dfrac{4}{5}\right)^x = \dfrac{256}{625}$

$\quad x = $

e) $0{,}15^x = 0{,}0225$

$\quad x = $

f) $\dfrac{2^x}{5} = 12{,}8$

$\quad x = $

---

* $\mathbb{R}^+$ bedeutet: Alle reellen Zahlen größer Null.

Tipp

Viele Exponentialgleichungen lassen sich vereinfachen, indem man die **Potenzgesetze** anwendet.
Folgende Gesetze solltest du auf jeden Fall beherrschen:

$$a^m \cdot a^n = a^{m+n} \qquad \frac{a^m}{a^n} = a^{m-n} \qquad (a^m)^n = a^{m \cdot n}$$

$$a^m \cdot b^m = (a \cdot b)^m \qquad \frac{a^m}{b^m} = \left(\frac{a}{b}\right)^m \qquad a^{-n} = \frac{1}{a^n} \qquad a^0 = 1$$

Beispiele:

a) $3^{x+1} - 3^x = 54$
$\ \ 3^x \cdot 3^1 - 3^x = 54$
$\ \ 3 \cdot 3^x - 3^x = 54$
$\ \ \ \ 2 \cdot 3^x = 54 \quad |:2$
$\ \ \ \ \ \ \ 3^x = 27 = 3^3$
$\ \ \ \ \ \ \ \ \ x = 3$

b) $4^x - 2 \cdot 4^{x-2} = 28$
$\ \ \ \ 4^x - 2 \cdot \frac{4^x}{4^2} = 28$
$\ \ \ \ 4^x - \overset{1}{\cancel{2}} \cdot \frac{4x}{\underset{8}{\cancel{16}}} = 28$
$\ \ \ \ 4^x - \frac{1}{8} \cdot 4^x = 28$

$\frac{7}{8} \cdot 4^x = 28 \qquad | \cdot \frac{8}{7}$
$\ \ \ \ 4^x = 32$
$(2^2)^x = 2^5$
$\ \ 2^{2x} = 2^5$
$\ \ \ \ \ x = 2{,}5$

2 Löse, indem du die Potenzgesetze anwendest.

a) $2^{x+1} - 2^x = 4$
b) $4^{x+1} = 64 + 3 \cdot 4^x$
c) $5 \cdot (5^{x-1}) = \frac{2}{5} - 5^x$
d) $3^{x+1} = 9 \cdot 3^{-x}$
e) $8^{2x} + 2^{6x+2} + 2^{6x+1} = 14$
f) $3^{4x} + 3^{4x+2} - 3^{4x+3} = -153$

Regel

3. Lässt sich eine Exponentialgleichung nicht durch Exponentenvergleich lösen, löst man sie mithilfe des **Logarithmus**. Für eine Gleichung der Form $a^x = b$ mit $a, b > 0$ und $a \neq 1$ gilt $x = \log_a b$ (lies: x ist der Logarithmus von b zur Basis a).
Der Logarithmus einer Zahl b zur Basis a ist also diejenige Zahl (x), mit der man a potenzieren muss, um b zu erhalten.

Beispiele: a) $\log_2 32 = 5$, denn $2^5 = 32$

b) $\log_3 \frac{1}{9} = -2$, denn $3^{-2} = \frac{1}{3^2} = \frac{1}{9}$ \qquad c) $\log_2 1 = 0$, denn $2^0 = 1$

Gleichungen, die man mit dem Logarithmus löst:

d) $3^x = 7 \quad |\log_3$
$\ \ \ \ x = \log_3 7$

e) $4^x = 11 \quad |\log_4$
$\ \ \ \ x = \log_4 11$

f) $2{,}7^x = 3{,}9 \quad |\log_{2,7}$
$\ \ \ \ x = \log_{2,7} 3{,}9$

Übungen

3 Gib die Lösung als Logarithmus an.

a) $2^x = 18$ b) $9^x = 17$ c) $0,5^x = 6$ d) $2^x = -10$

$x =$ $x =$ $x =$ $x =$

4 Bestimme die Logarithmen.

a) $\log_2 8 =$ b) $\log_3 81 =$ c) $\log_7 7 =$

d) $\log_{15} 1 =$ e) $\log_4 \frac{1}{64} =$ f) $\log_{\frac{1}{3}} 27 =$

Regeln

4. Bevor man eine Gleichung logarithmiert, muss man die Potenz mit der gesuchten Unbekannten alleine auf einer Seite isolieren. Beim Logarithmieren sind folgende **Gesetze** zu beachten:

$$\log_a (b \cdot c) = \log_a b + \log_a c \qquad \log_a \left(\frac{b}{c}\right) = \log_a b - \log_a c;$$
$$\log_a (b^n) = n \cdot \log_a b$$

5. Mit der **Formel** $\log_a b = \dfrac{\log_c b}{\log_c a}$

lässt sich jeder Logarithmus durch Logarithmen mit anderer Basis berechnen.
Jeder Schultaschenrechner verfügt über eine log-Taste. Diese Taste steht für den 10er-Logarithmus $\log_{10}$, also den Logarithmus zur Basis 10. Mit der Umrechnungsformel und dem Taschenrechner kann man so jeden Logarithmus (näherungsweise) berechnen.

Beispiel:
$$2 + 5^x = 19 \quad | -2$$
$$5^x = 17 \quad | \log_5$$
$$x = \log_5 17$$

Umrechnung: $x = \dfrac{\log_{10} 17}{\log_{10} 5} \approx 1{,}76$

Übungen

5 Bestimme die Logarithmen auf drei Nachkommastellen genau.

a) $\log_9 17 = $ ——— $\approx$ ____   b) $\log_3 12{,}5 = $ ——— $\approx$ ____

c) $\log_{1,8} 4{,}9 = $ ——— $\approx$ ____   d) $\log_{108} \sqrt{6} = $ ——— $\approx$ ____

6 Löse die Exponentialgleichung im Heft und gib das Ergebnis auf zwei Nachkommastellen gerundet an.

a) $3{,}75^x = 7{,}5$ b) $4{,}2^{2x} = 18$ c) $1{,}45^{3x} - 19 = 0$

d) $4^{x-2} = 9$ e) $2 - 3^{x+1} = -4$ d) $2 \cdot 6^{3-2x} - 1 = 19$

Fehler-Check

1 Gib die Lösungen an.

a) $4^x = 64$ b) $0{,}2^x = 0{,}04$ c) $\left(\frac{2}{3}\right)^x = \frac{32}{243}$ d) $\left(\frac{1}{3}\right)^x = 81$

$x = $ ____ $x = $ ____ $x = $ ____ $x = $ ____

2 Löse ohne Verwendung gerundeter Werte.

a) $6^x = 35$ b) $2 \cdot 7^x = 26$ c) $5^{3x} = 61$

$x = $ ____ $x = $ ____ $x = $ ____

3 Löse im Heft durch Vergleich der Exponenten.

a) $5^{x-1} = 25$ b) $2^{x+5} = 64$

c) $9^{x+2} = 27^{x-1}$ d) $4^{3x+1} - 8^{2x-1} = 0$

4 Löse und gib die Lösung, wenn nötig, auf drei Nachkommastellen genau an.

a) $2 \cdot (3 - 5^{2x}) - 25^x = -9$ b) $2 \cdot 4^{x+1} + 16 = 135 + 2^{2x}$

____ Fehler   0 – 2 Fehler   3 – 4 Fehler   mehr als 4 Fehler
       Super!   In Ordnung!   Bitte noch einmal üben!

Lösungen

Kapitel 1: Auf die richtige Äquivalenzumformung achten

Addition und Subtraktion richtig anwenden

Seite 6 **❶** a) $x + 7 = 10 \quad |-7$ b) $x - 12 = -8 \quad |+12$

$\qquad\qquad x = 3 \Rightarrow L = \{3\}$ $\qquad\qquad\qquad x = 4 \Rightarrow L = \{4\}$

c) $\quad 2x = x + 9 \quad |-x$ d) $4x + 2,5 = 5x \quad |-4x$

$\qquad\qquad x = 9 \Rightarrow L = \{9\}$ $\qquad\qquad x = 2,5 \Rightarrow L = \{2,5\}$

Seite 7 **❷** a) $18 + 5x + 17 = 2x + 3 + 4x \quad |\text{zf.}$

$\qquad\qquad 35 + 5x = 6x + 3 \qquad\qquad |-5x$

$\qquad\qquad\qquad 35 = x + 3 \qquad\qquad |-3$

$\qquad\qquad\qquad 32 = x \Rightarrow L = \{32\}$

b) $7x + 3 - 9x + 11 = 14 + 3x - 9 - 4x \quad |\text{zf.}$

$\qquad\qquad -2x + 14 = 5 - x \qquad\qquad |+2x$

$\qquad\qquad\qquad 14 = 5 + x \qquad\qquad |-5$

$\qquad\qquad\qquad\quad 9 = x \Rightarrow L = \{9\}$

c) $2,5y + 7,2 - 1,8 - 1,3y = 9,4 + 0,2y - 6,9 \quad |\text{zf.}$

$\qquad\qquad 1,2y + 5,4 = 2,5 + 0,2y \qquad\qquad |-0,2y$

$\qquad\qquad\qquad y + 5,4 = 2,5 \qquad\qquad |-5,4$

$\qquad\qquad\qquad\qquad y = -2,9 \Rightarrow L = \{-2,9\}$

❸ a) $12x + 3 - 4x = -10 + 7x + 12 \quad |\text{vertauschen}$

$\qquad 12x - 4x + 3 = 7x + 12 - 10 \qquad |\text{zf.}$

$\qquad\qquad 8x + 3 = 7x + 2 \qquad\qquad |-7x$

$\qquad\qquad\quad x + 3 = 2 \qquad\qquad |-3$

$\qquad\qquad\qquad x = -1 \Rightarrow L = \{-1\}$

b) $15x + 3 - 6x = 16x + 7 - 8x \qquad\qquad |\text{vertauschen}$

$\qquad 15x - 6x + 3 = 16x - 8x + 7 \qquad |\text{zf.}$

$\qquad\qquad 9x + 3 = 8x + 7 \qquad\qquad |-8x$

$\qquad\qquad\quad x + 3 = 7 \qquad\qquad |-3$

$\qquad\qquad\qquad x = 4 \Rightarrow L = \{4\}$

c) $4,9z + 6,1z - 8 = 12 + 8,1z - 4 + 1,9z \quad |\text{zf.}$

$\qquad\qquad 11z - 8 = 8 + 10z \qquad\qquad |+8$

$\qquad\qquad 11z = 16 + 10z \qquad\qquad |-10z$

$\qquad\qquad\qquad z = 16 \Rightarrow L = \{16\}$

Seite 8 **❹** a) $7 + x = 12 \quad |-7$ b) $x - 3 = -2 \quad |+3$

$\qquad\qquad x = 5 \to K$ $\qquad\qquad\qquad\quad x = 1 \to I$

c) $2x = x + 4 \quad |-x$ d) $3x + 8 = 2x + 5 \quad |-2x$

$\qquad\quad x = 4 \to N$ $\qquad\qquad\qquad x + 8 = 5 \qquad |-8$

$\qquad\qquad\qquad\qquad\qquad\qquad\qquad x = -3 \to O$

e) $12x - 8 = -4x - 8 + 15x \quad |\text{zf.}$ f) $4x + 3 - 7x + 8 = 9x - 1 - 11x - 5 |\text{zf.}$

$\qquad 12x - 8 = 11x - 8 \qquad |-11x$ $\qquad\qquad -3x + 11 = -2x - 6 \qquad |+3x$

$\qquad\quad x - 8 = -8 \qquad\quad |+8$ $\qquad\qquad\qquad 11 = x - 6 \qquad\quad |+6$

$\qquad\qquad x = 0 \to F$ $\qquad\qquad\qquad\qquad 17 = x \to I$

g) $42x - 18 - 36x = 21x - 114 - 16x \,|\, zf.$

$\quad 6x - 18 = 5x - 114 \qquad\qquad |-5x$

$\quad\quad x - 18 = -114 \qquad\qquad |+18$

$\quad\quad\quad\quad x = -96 \rightarrow L$

Lösungswort: **KINOFILM**

h) $-3,5x + 2,4 - 9,6 = 6x - 3,4 - 8,5x$

$\quad -3,5x - 7,2 = -2,5x - 3,4 \quad |+3,5x$

$\quad\quad\quad -7,2 = x - 3,4 \qquad\quad |+3,4$

$\quad\quad\quad -3,8 = x \rightarrow M$

Seite 8

Fehler-Check

1

a) $x + 6 = 9 \quad |-6$

$\quad\quad x = 3$

c) $5x = 4x - 9 \quad |-4x$

$\quad\quad x = -9$

b) $12 + x = 8 \quad |-12$

$\quad\quad x = -4$

d) $-3x + 5 = -2x \quad |+3x$

$\quad\quad x = 5$

2

a) $5x - 3 = 4 + 4x \qquad |\,zf.$

$\quad\quad 2x = 4 + 4x \qquad |-2x$

$\quad\quad\quad x = 4 + 2x \qquad |-2x$

$\quad\quad\quad x = 4$

$\qquad 5x - 3 = 4 + 4x \quad |-4x$

$\qquad\quad x - 3 = 4 \qquad\quad |+3$

$\qquad\quad\quad x = 7$

b) $\quad 2x + 3 + 6x = 3x + 18 + 4x \quad |-2x$

$\quad\quad\quad 3 + 6x = x + 18 + 2x \quad |\,zf.$

$\quad\quad\quad\quad 9x = 3x + 18 \qquad\quad |-3x$

$\quad\quad\quad\quad 6x = 18 \qquad\qquad\quad |-6$

$\quad\quad\quad\quad\quad x = 12$

$\qquad 2x + 3 + 6x = 3x + 18 + 4x \quad |\,zf.$

$\qquad\quad 8x + 3 = 7x + 18 \qquad\quad |-7x$

$\qquad\quad\quad x + 3 = 18 \qquad\qquad\quad |-3$

$\qquad\quad\quad\quad x = 15$

3

a) $5x + 17 + 3x = 2x + 35 + 5x \,|\, zf.$

$\quad\quad 8x + 17 = 7x + 35 \qquad |-7x$

$\quad\quad\quad x + 17 = 35 \qquad\qquad |-17$

$\quad\quad\quad\quad x = 18 \Rightarrow L = \{18\}$

c) $13 - 4x + 17 = 21 - 3x + 5 \,|\, zf.$

$\quad\quad 30 - 4x = 26 - 3x \qquad |+4x$

$\quad\quad\quad 30 = 26 + x \qquad\qquad |-26$

$\quad\quad\quad\quad 4 = x \Rightarrow L = \{4\}$

b) $7x + 21 + 2x = 5x + 41 + 3x \quad |\,zf.$

$\quad\quad 9x + 21 = 8x + 41 \qquad\quad |-8x$

$\quad\quad\quad x + 21 = 41 \qquad\qquad\quad |-21$

$\quad\quad\quad\quad x = 20 \Rightarrow L = \{20\}$

d) $100 + 17x - 45 = 8x + 59 + 10x \,|\, zf.$

$\quad\quad 55 + 17x = 18x + 59 \qquad |-17x$

$\quad\quad\quad 55 = x + 59 \qquad\qquad |-59$

$\quad\quad -4 = x \Rightarrow L = \{-4\}$

Fehlerfrei multiplizieren und dividieren

1

a) $3x = 15 \quad |:3$

$\quad\quad x = 5 \Rightarrow L = \{5\}$

c) $20x = 0 \quad |:20$

$\quad\quad x = 0 \Rightarrow L = \{0\}$

e) $-0,7x = 4,9 \quad |:(-0,7)$

$\quad\quad\quad x = -7 \Rightarrow L = \{-7\}$

b) $-10x = 4 \quad |:(-10)$

$\quad\quad x = -0,4 \Rightarrow L = \{-0,4\}$

d) $-0,5x = 5 \quad |:(-0,5)$

$\quad\quad x = -10 \Rightarrow L = \{-10\}$

f) $\frac{1}{3}x = \frac{1}{5} \quad |\cdot 3$

$\quad\quad x = \frac{3}{5} = 0,6 \Rightarrow L = \{0,6\}$

Seite 10

(L) Lösungen

Seite 10 **❷** a) $34x + 11 - 28x = 17x + 23 - 14x$ | vertauschen

$$34x - 28x + 11 = 17x - 14x + 23 \quad | \text{zf.}$$
$$6x + 11 = 3x + 23 \quad | -3x$$
$$3x + 11 = 23 \quad | -11$$
$$3x = 12 \quad | :3$$
$$x = 4$$

b) $31x - 17 = 28x + 3 \quad | -28x + 17$
$$3x = 20 \quad | :3$$
$$x = \frac{20}{3} = 6\frac{2}{3}$$

c) $7x + 13 - 5x = 9 + 4x + 13 \quad | \text{zf.}$
$$2x + 13 = 4x + 22 \quad | -2x - 22$$
$$-9 = 2x \quad | :2$$
$$-4,5 = x$$

Seite 11 **❸** a) $18 + 5x + 17 = 2x + 3 + 11x \quad | \text{zf.}$
$$35 + 5x = 13x + 3 \quad | -5x - 3$$
$$32 = 8x \quad | :8$$
$$4 = x$$

b) $7x - 8 + 2x = 8x + 32 - 9x \quad | \text{zf.}$
$$9x - 8 = -x + 32 \quad | +x + 8$$
$$10x = 40 \quad | :10$$
$$x = 4$$

c) $8x + 15 - 4x + 3x = 7x + 9 - 3x + 2 \quad | \text{zf.}$
$$7x + 15 = 4x + 11 \quad | -4x - 15$$
$$3x = -4 \quad | :3$$
$$x = -\frac{4}{3} = -1\frac{1}{3}$$

❹ a) $4x - 4 = 8x - 24 \quad | -4x + 24$
$$20 = 4x \quad | :4$$
$$5 = x$$

b) $9 - 6x = 12 - 5x \quad | +6x - 12$
$$-3 = x$$

c) $4 + 5x = 2x - 7 \quad | -2x - 4$
$$3x = -11 \quad | :3$$
$$x = -\frac{11}{3} = -3\frac{2}{3}$$

d) $1 - 9x = -5x - 4 \quad | +9x + 4$
$$5 = 4x \quad | :4$$
$$\frac{5}{4} = x = 1\frac{1}{4}$$

e) $3x - 1 = 2 - 5x \quad | +5x + 1$
$$8x = 3 \quad | :8$$
$$x = \frac{3}{8}$$

f) $5,4x - 3 = 56,2 - 12,8x \quad | \cdot 10$
$$54x - 30 = 562 - 128x \quad | +128x + 30$$
$$182x = 592 \quad | :182$$
$$x = \frac{592}{182} = \frac{296}{91} = 3\frac{23}{91}$$

g) $1,5x = 33 - 1,25x \quad | +1,25x$
$$2,75x = 33 \quad | :2,75$$
$$x = 12$$

h) $0,75 + x = 1,857 - 2x \quad | +2x - 0,75$
$$3x = 1,125 \quad | :3$$
$$x = 0,375$$

Fehler-Check Seite 12

① a) $7x = -35 \quad |:7$
$x = -5 \Rightarrow L = \{-5\}$

b) $-29x = -1 \quad |:(-29)$
$x = \frac{1}{29} \Rightarrow L = \left\{\frac{1}{29}\right\}$

c) $-0,4x = 4,8 \quad |:(-0,4)$
$x = -12 \Rightarrow L = \{-12\}$

d) $6x - 4,5x = 13,5 \quad |:1,5$
$x = 9 \Rightarrow L = \{9\}$

② a) $4x + 1 = x + 10$

b) $2x + 9 = -3 + 4x$

c) $14 \cdot x + 5 = 2x + 11$

d) $4 \cdot x - 16 = 19 - 3x$

③ a)

3	·	10	−	12	=	18
·		·		·		·
6	·	5	−	15	=	15
−		−		−		−
2	·	25	−	30	=	20
=		=		=		=
16	·	25	−	150	=	250

b)

14	·	11	−	77	=	77
·		·		·		·
2	·	22	−	30	=	14
−		−		−		−
2	·	121	−	154	=	88
=		=		=		=
26	·	121	−	2156	=	990

Kapitel 2: Gleichungen mit Klammern fehlerfrei lösen

Wie man Klammern auflösen kann

① a) $x + 2y + 3z$ b) $a - 3b + 8$
e) $12x + 18y$ f) $-14 + 8a$

c) $x - 3y - 2z$ d) $8m - 10$
g) $4u + 3v$ h) $-2x + 3 - 5y$

Seite 14

② a) $4u - (-6u + 12) = 10u - 12$
c) $3x - (-11x + 13) = 14x - 13$
e) $-3 \cdot (a + b) + 6a - b = 3a - 4b$

b) $8m - 7n + 4 = 8m - (7n - 4)$
d) $6u + (4u + 5) - (10u + 4) = 1$
f) $-58zd + 29z^2e = 29z \cdot (-2d + ze)$

Seite 15

③ a) $4x + [x - (2x - 10)]$
$= 4x + [x - 2x + 10]$
$= 4x + x - 2x + 10$
$= 3x + 10$

b) $4m - 3n + 2 \cdot [-7m + 3 \cdot (4 - n)]$
$= 4m - 3n + 2 \cdot [-7m + 12 - 3n]$
$= 4m - 3n - 14m + 24 - 6n$
$= -10m - 9n + 24$

c) $7u - [6u + 4 - (3u + 10)]$
$= 7u - [6u + 4 - 3u - 10]$
$= 7u - 6u - 4 + 3u + 10$
$= 4u + 6$

d) $[6 \cdot (4 - x) - 9 \cdot (2x - 5)]:3$
$= [24 - 6x - 18x + 45]:3$
$= 8 - 2x - 6x + 15$
$= 23 - 8x$

L Lösungen

Seite 15 ❹

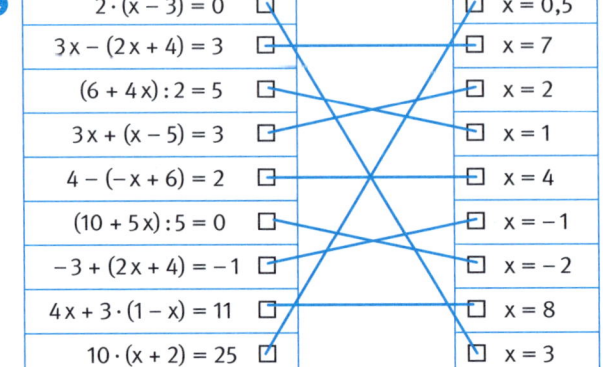

$2 \cdot (x - 3) = 0$	$x = 0{,}5$
$3x - (2x + 4) = 3$	$x = 7$
$(6 + 4x) : 2 = 5$	$x = 2$
$3x + (x - 5) = 3$	$x = 1$
$4 - (-x + 6) = 2$	$x = 4$
$(10 + 5x) : 5 = 0$	$x = -1$
$-3 + (2x + 4) = -1$	$x = -2$
$4x + 3 \cdot (1 - x) = 11$	$x = 8$
$10 \cdot (x + 2) = 25$	$x = 3$

Seite 16 ❺

a)
$$2x - (4x + 9) = 11x + 17$$
$$2x - 4x - 9 = 11x + 17 \qquad | \text{zf.}$$
$$-2x - 9 = 11x + 17 \qquad | + 2x - 17$$
$$-26 = 13x \qquad | : 13$$
$$-2 = x \Rightarrow L = \{-2\}$$

b)
$$10x - (3 - 5x) = 3x + 9$$
$$10x - 3 + 5x = 3x + 9 \qquad | \text{zf.}$$
$$15x - 3 = 3x + 9 \qquad | + 3 - 3x$$
$$12x = 12 \qquad | : 12$$
$$x = 1 \Rightarrow L = \{1\}$$

c)
$$15 + (5x - 8) = 20 - (1 - 3x)$$
$$15 + 5x - 8 = 20 - 1 + 3x \qquad | \text{zf.}$$
$$7 + 5x = 19 + 3x \qquad | -7 - 3x$$
$$2x = 12 \qquad | : 2$$
$$x = 6 \Rightarrow L = \{6\}$$

d)
$$2 \cdot (5x + 2) - 6x = 28$$
$$10x + 4 - 6x = 28 \qquad | \text{zf.}$$
$$4x + 4 = 28 \qquad | -4$$
$$4x = 24 \qquad | : 4$$
$$x = 6 \Rightarrow L = \{6\}$$

e)
$$4 \cdot (2x - 4) = 24 + 3x$$
$$8x - 16 = 24 + 3x \qquad | + 16 - 3x$$
$$5x = 40 \qquad | : 5$$
$$x = 8 \Rightarrow L = \{8\}$$

f)
$$9 \cdot (3 + 6x) = 129 + 2 \cdot (6 + 8x)$$
$$27 + 54x = 129 + 12 + 16x \qquad | \text{zf.}$$
$$27 + 54x = 141 + 16x \qquad | -27 - 16x$$
$$38x = 114 \qquad | : 38$$
$$x = 3 \Rightarrow L = \{3\}$$

g)
$$2 \cdot (-6x - 3) = 46 + 4 \cdot (-6x - 7)$$
$$-12x - 6 = 46 - 24x - 28 \qquad | \text{zf.}$$
$$-12x - 6 = 18 - 24x \qquad | + 6 + 24x$$
$$12x = 24 \qquad | : 12$$
$$x = 2 \Rightarrow L = \{2\}$$

h)
$$4 \cdot (2{,}5 - 2x) = (3x - 5) \cdot (-2)$$
$$10 - 8x = -6x + 10 \qquad | -10 + 8x$$
$$0 = 2x \qquad | : 2$$
$$0 = x \Rightarrow L = \{0\}$$

i)
$$(45x - 10) : 5 = 9 \cdot (-2x - 1) - 6{,}5$$
$$9x - 2 = -18x - 9 - 6{,}5 \qquad | \text{zf.}$$
$$9x - 2 = -18x - 15{,}5 \qquad | + 18x + 2$$
$$27x = -13{,}5 \qquad | : 27$$
$$x = -0{,}5 \Rightarrow L = \{-0{,}5\}$$

Seite 16

j) $(12 - 24x) : 6 - (20 - 15x) : 5 = 1 - (9 - 2x)$
$\qquad 2 - 4x - 4 + 3x = 1 - 9 + 2x \qquad |\, \text{zf.}$
$\qquad\qquad\qquad -2 - x = -8 + 2x \qquad |+ x + 8$
$\qquad\qquad\qquad\qquad 6 = 3x \qquad |:3$
$\qquad\qquad\qquad\qquad 2 = x \Rightarrow L = \{2\}$

6 a) $8 \cdot (x + 4) = 16 \qquad |:8$
$\qquad\quad x + 4 = 2 \qquad |-4$
$\qquad\qquad\quad x = -2$

b) $4 \cdot (3x + 1) = 20x + 36 \qquad |:4$
$\qquad\qquad 3x + 1 = 5x + 9 \qquad |-3x - 9$
$\qquad\qquad\quad -8 = 2x \qquad |:2$
$\qquad\qquad\quad -4 = x$

c) $12 - 3 \cdot (x + 3) = 3x \qquad |:3$
$\qquad\quad 4 - (x + 3) = x$
$\qquad\quad 4 - x - 3 = x \qquad |+ x$
$\qquad\qquad\qquad 1 = 2x \qquad |:2$
$\qquad\qquad\quad 0,5 = x$

d) $(13 + 9x) : 4 = x + 5,5 \qquad |\cdot 4$
$\qquad\quad 13 + 9x = 4x + 22 \qquad |-13 - 4x$
$\qquad\qquad\quad 5x = 9 \qquad |:5$
$\qquad\qquad\quad\; x = 1,8$

e) $12 \cdot [(x + 2) - (3x - 4)] = 36 \qquad |:12$
$\qquad\quad (x + 2) - (3x - 4) = 3$
$\qquad\qquad\qquad\quad -2x + 6 = 3 \qquad |-6$
$\qquad\qquad\qquad\quad -2x = -3 \qquad |:(-2)$
$\qquad\qquad\qquad\qquad x = 1,5$

f) $[17 - (3 - 2x) : 3] \cdot 5 = 30x \qquad |:5$
$\qquad\quad 17 - (3 - 2x) : 3 = 6x \qquad |\cdot 3$
$\qquad\quad 51 - (3 - 2x) = 18x$
$\qquad\quad 51 - 3 + 2x = 18x \qquad |-2x$
$\qquad\qquad\qquad 48 = 16x \qquad |:16$
$\qquad\qquad\qquad\; 3 = x$

Fehler-Check

Seite 17

1 a) $4z + 12$ \qquad b) $28a + 30$ \qquad c) $2b + 6c + 4b - 5c = 6b + c$
d) $4 - 6x + 21 - 8 = 17 - 6x$ \qquad e) $12c + 9d - 32c + 24 = -20c + 9d + 24$
f) $2 - [28a - 8 + 8c - a - c] = 10 - 27a - 7c$

2 a) $3 + 5 \cdot (x - 4) = 6 \cdot (2x - 1)$
$\qquad\quad \underline{8} \cdot (x - 4) = 12x - \underline{1}$
$\qquad\quad 8x - 32 = 12x - 1 \qquad |+ 1 - 8x$
$\qquad\quad \underline{-33} = 4x \qquad |:4$
$\qquad\quad -8,25 = x$

$\qquad\quad 3 + 5 \cdot (x - 4) = 6 \cdot (2x - 1)$
$\qquad\quad 3 + 5x - 20 = 12x - 6$
$\qquad\quad 5x - 17 = 12x - 6 \qquad |+ 17 - 12x$
$\qquad\quad -7x = 11 \qquad |:(-7)$
$\qquad\quad x = -\frac{11}{7} = -1\frac{6}{7}$

b) $4 - (3x - 2 + 4x) = (8x - 10) : 2$
$\qquad 4 - 3x + 2 \underline{+} 4x = \underline{8}x - 5$
$\qquad\qquad 6 \underline{-} x = 8x - 5 \qquad |+ x + 5$
$\qquad\qquad\quad 11 = 9x \qquad |:9$
$\qquad\qquad\; 1,\overline{2} = x$

$\qquad\quad 4 - (3x - 2 + 4x) = (8x - 10) : 2$
$\qquad\quad 4 - 3x + 2 - 4x = 4x - 5$
$\qquad\qquad\quad 6 - 7x = 4x - 5 \qquad |+ 7x + 5$
$\qquad\qquad\qquad 11 = 11x \qquad |:11$
$\qquad\qquad\qquad\; 1 = x$

Seite 17 ❸ a) $4 \cdot (x - 3) - 2x = 5 \cdot (-3x + 1)$

$\qquad 4x - 12 - 2x = -15x + 5 \quad |+12+15x$

$\qquad\qquad\qquad 17x = 17 \qquad |:17$

$\qquad\qquad\qquad\quad x = 1$

b) $(4x - 3) \cdot 5 + 4x = 9$

$\qquad 20x - 15 + 4x = 9 \qquad |+15$

$\qquad\qquad 24x = 24 \qquad |:24$

$\qquad\qquad\quad x = 1$

c) $17 + 5 \cdot (-x + 3) - (5x + 8) = 12$

$\quad 17 - 5x + 15 - 5x - 8 = 12 \quad |-24$

$\qquad\qquad\quad -10x = -12 \;|:(-10)$

$\qquad\qquad\qquad x = 1{,}2$

d) $13 - 4 \cdot (0{,}5x + 5) = 0{,}1 \cdot (20 - 10x)$

$\qquad 13 - 2x - 20 = 2 - x \quad |+2x-2$

$\qquad\qquad\quad -9 = x$

e) $25 \cdot [4 - 2 \cdot (x + 5)] = 125 \qquad |:25$

$\qquad\quad 4 - 2 \cdot (x + 5) = 5$

$\qquad\quad 4 - 2x - 10 = 5 \qquad |+6$

$\qquad\qquad\quad -2x = 11 \qquad |:(-2)$

$\qquad\qquad\qquad x = -5{,}5$

f) $[14x - 15 \cdot (x + 2)]:8 = 2 - 3x \qquad |\cdot 8$

$\qquad 14x - 15 \cdot (x + 2) = 16 - 24x$

$\qquad 14x - 15x - 30 = 16 - 24x\,|+30+24x$

$\qquad\qquad\qquad 23x = 46 \qquad |:23$

$\qquad\qquad\qquad\quad x = 2$

Klammern richtig miteinander multiplizieren

Seite 19 ❶ a) $(x + 2) \cdot (x + 3) = x^2 + 3x + 2x + 6 = x^2 + 5x + 6$

b) $(x + 1) \cdot (x - 4) = x^2 - 4x + x - 4 = x^2 - 3x - 4$

c) $(x - 2) \cdot (x - 5) = x^2 - 5x - 2x + 10 = x^2 - 7x + 10$

d) $(2x + 6) \cdot (3x - 7) = 6x^2 - 14x + 18x - 42 = 6x^2 + 4x - 42$

e) $(11 - x) \cdot (3 + x) = 33 + 11x - 3x - x^2 = 33 + 8x - x^2$

f) $(-x - 4) \cdot (x - 6) = -x^2 + 6x - 4x + 24 = -x^2 + 2x + 24$

g) $3 \cdot (x + 2) \cdot (x - 6) = 3 \cdot [(x + 2) \cdot (x - 6)] = 3 \cdot [x^2 - 6x + 2x - 12]$

$\qquad\qquad\qquad\qquad\quad = 3 \cdot [x^2 - 4x - 12] = 3x^2 - 12x - 36$

h) $-5 \cdot (8 - x) \cdot (-2 - x) = -5 \cdot [(8 - x) \cdot (-2 - x)]$

$\qquad\qquad\qquad\qquad\qquad = -5 \cdot [-16 - 8x + 2x + x^2]$

$\qquad\qquad\qquad\qquad\qquad = -5 \cdot [-16 - 6x + x^2] = 80 + 30x - 5x^2$

❷ a) $3 \cdot (2x + 3) \cdot (x - 4) \cdot (5x + 2)$

$\quad = 3 \cdot [(2x + 3) \cdot (x - 4)] \cdot (5x + 2)$

$\quad = 3 \cdot [2x^2 - 8x + 3x - 12] \cdot (5x + 2)$

$\quad = 3 \cdot [2x^2 - 5x - 12] \cdot (5x + 2)$

$\quad = 3 \cdot [10x^3 + 4x^2 - 25x^2 - 10x - 60x - 24]$

$\quad = 3 \cdot [10x^3 - 21x^2 - 70x - 24]$

$\quad = 30x^3 - 63x^2 - 210x - 72$

b) $-2 \cdot (-3x + 4) \cdot (5x - 6) \cdot (x + 2)$

$\quad = -2 \cdot [(-3x + 4) \cdot (5x - 6)] \cdot (x + 2)$

$\quad = -2 \cdot [-15x^2 + 18x + 20x - 24] \cdot (x + 2)$

$\quad = -2 \cdot [-15x^2 + 38x - 24] \cdot (x + 2)$

$\quad = -2 \cdot [-15x^3 - 30x^2 + 38x^2 + 76x - 24x - 48]$

$\quad = -2 \cdot [-15x^3 + 8x^2 + 52x - 48]$

$\quad = 30x^3 - 16x^2 - 104x + 96$

c) $0,5 \cdot (4x + 3) \cdot (-6x - 9) \cdot (x - 4)$

Seite 19

$= 0,5 \cdot [(4x + 3) \cdot (-6x - 9)] \cdot (x - 4)$

$= 0,5 \cdot [-24x^2 - 36x - 18x - 27] \cdot (x - 4)$

$= 0,5 \cdot [-24x^2 - 54x - 27] \cdot (x - 4)$

$= 0,5 \cdot [-24x^3 + 96x^2 - 54x^2 + 216x - 27x + 108]$

$= 0,5 \cdot [-24x^3 + 42x^2 + 189x + 108]$

$= -12x^3 + 21x^2 + 94,5x + 54$

d) $-0,2 \cdot (-x - 3) \cdot (4x - 2) \cdot (-3x + 8)$

$= -0,2 \cdot [(-x - 3) \cdot (4x - 2)] \cdot (-3x + 8)$

$= -0,2 \cdot [-4x^2 + 2x - 12x + 6] \cdot (-3x + 8)$

$= -0,2 \cdot [-4x^2 - 10x + 6] \cdot (-3x + 8)$

$= -0,2 \cdot [12x^3 - 32x^2 + 30x^2 - 80x - 18x + 48]$

$= -0,2 \cdot [12x^3 - 2x^2 - 98x + 48]$

$= -2,4x^3 + 0,4x^2 + 19,6x - 9,6$

3 a) $4 + 16b + 16b^2$ b) $9a^2 - 30a + 25$ c) $25x^2 - 60x + 36$

Seite 20

d) $4x^2 + 12xy + 9y^2$ e) $25u^2 + 70uv + 49v^2$ f) $a^2 - 30ab + 225b^2$

g) $64a^2 - 4$ h) $16x^2 - 25y^2$

4 a) $(3 + b)^2 = 9 + 6b + b^2$ b) $(2 + 3b)^2 = 4 + 12b + 9b^2$

c) $(5x + 8y)^2 = 25x^2 + 80xy + 64y^2$ d) $(11a - 2b)^2 = 121a^2 - 44ab + 4b^2$

e) $(5a - 7b) \cdot (5a + 7b) = 25a^2 - 49b^2$ f) $(x - 12y)^2 = x^2 - 24xy + 144y^2$

g) $(a + b) \cdot (a - b) = a^2 - b^2$ h) $(9x - 5y)^2 = 81x^2 - 90xy + 25y^2$

5 a) $(a + b)^4 = a^4 + 4a^3b + 6a^2b^2 + 4ab^3 + b^4$

Seite 21

b) $(x + 3)^5 = x^5 + 15x^4 + 90x^3 + 270x^2 + 405x + 243$

c) $(a - b)^4 = a^4 - 4a^3b + 6a^2b^2 - 4ab^3 + b^4$

d) $(2x + 3)^4 = 16x^4 + 96x^3 + 216x^2 + 216x + 81$

6 a)

$(x - 2)^2 = x^2 - 2$

$x^2 - 4x + 4 = x^2 - 2 \quad | -x^2 - 4$

$-4x = -6 \quad | :(-4)$

$x = 1,5$

b) $(x + 4) \cdot (x - 4) - x^2 = 3x - 1$

$x^2 - 16 - x^2 = 3x - 1 \quad | +1$

$-15 = 3x \quad | :3$

$-5 = x$

c)

$(2x - 5)^2 - 3x^2 = x^2 + 5$

$4x^2 - 20x + 25 - 3x^2 = x^2 + 5 \quad | zf.$

$x^2 - 20x + 25 = x^2 + 5 \quad | -x^2 - 25$

$-20x = -20 \quad | :(-20)$

$x = 1$

d) $2 - (x + 5) \cdot (x + 2) + x^2 = 9x$

$2 - (x^2 + 7x + 10) + x^2 = 9x \quad | zf.$

$-7x - 8 = 9x \quad | +7x$

$-8 = 16x \quad | :16$

$-0,5 = x$

e) $(x - 3) \cdot (x + 3) = (x + 9)^2$

$x^2 - 9 = x^2 + 18x + 81 \quad | -x^2 - 81$

$-90 = 18x \quad | :18$

$-5 = x$

Seite 21

f) $4x^2 - (2x+3) \cdot (2x-3) = -2 \cdot (x+2,5)$

$\quad\quad 4x^2 - 4x^2 + 9 = -2x - 5 \quad |+5$

$\quad\quad\quad\quad\quad\quad 14 = -2x \quad\quad |:(-2)$

$\quad\quad\quad\quad\quad -7 = x$

g) $\quad x^2 - 1 + (x-1)^2 = 2x \cdot (x-3)$

$\quad x^2 - 1 + x^2 - 2x + 1 = 2x^2 - 6x \quad |zf.$

$\quad\quad\quad\quad 2x^2 - 2x = 2x^2 - 6x \quad |-2x^2 + 6x$

$\quad\quad\quad\quad\quad\quad 4x = 0 \quad\quad\quad\quad |:4$

$\quad\quad\quad\quad\quad\quad x = 0$

h) $\quad -2 \cdot (x+4) \cdot (2x-3) + (3+2x)^2 = 12$

$\quad -2 \cdot (2x^2 + 5x - 12) + 9 + 12x + 4x^2 = 12$

$\quad -4x^2 - 10x + 24 + 9 + 12x + 4x^2 = 12 \quad |zf.$

$\quad\quad\quad\quad\quad\quad\quad 2x + 33 = 12 \quad |-33$

$\quad\quad\quad\quad\quad\quad\quad 2x = -21 \quad |:2$

$\quad\quad\quad\quad\quad\quad\quad x = -10,5$

7 a) $\quad\quad\quad (x+2)^4 - x^2 \cdot (x^2 + 8x) = 24x^2 - 16$

$\quad x^4 + 8x^3 + 24x^2 + 32x + 16 - x^4 - 8x^3 = 24x^2 - 16 \quad |zf.$

$\quad\quad\quad\quad\quad\quad 24x^2 + 32x + 16 = 24x^2 - 16 \quad |-24x^2 - 16$

$\quad\quad\quad\quad\quad\quad\quad\quad\quad 32x = -32 \quad\quad\quad |:32$

$\quad\quad\quad\quad\quad\quad\quad\quad\quad x = -1$

b) $\quad\quad\quad (x+1)^5 - (5x-2,5) \cdot (2x+2) - x^5 = 5x^3 \cdot (x+2) + 6x$

$x^5 + 5x^4 + 10x^3 + 10x^2 + 5x + 1 - 10x^2 - 5x + 5 - x^5 = 5x^4 + 10x^3 + 6x \quad |zf.$

$\quad\quad\quad\quad\quad\quad 5x^4 + 10x^3 + 6 = 5x^4 + 10x^3 + 6x \quad |-5x^4 - 10x^3$

$\quad\quad\quad\quad\quad\quad\quad\quad\quad 6 = 6x$

$\quad\quad\quad\quad\quad\quad\quad\quad\quad 1 = x$

8 a)

$\underline{4x^2 + 9} - 7x = 4x^2 - \underline{8x} - \underline{8} \quad |-4x^2$	$4x^2 + 12x + 9 - 7x = 4x^2 - 16 \quad |zf.$
$9 - 7x = -8x - 8 \quad\quad |-9$	$4x^2 + 5x + 9 = 4x^2 - 16 \quad |-4x^2$
$\underline{7}x = -8x - 17 \quad\quad |+8x$	$5x + 9 = -16 \quad\quad |-9$
$15x = -17 \quad\quad\quad |:15$	$5x = -25 \quad\quad |:5$
$x = -\frac{17}{15}$	$x = -5$

Seite 22

b)

$\underline{6x^2 - 4} - x^2 \underline{+ 14x + 49} = 8x^2 - \underline{8x} \quad |zf.$	$9x^2 - 4 - x^2 - 14x - 49 = 8x^2 - 16x \quad |zf.$
$5x^2 + 14x + 45 = 8x^2 - 8x \quad |+8x$	$8x^2 - 14x - 53 = 8x^2 - 16x \quad |-8x^2$
$5x^2 + 22x + 45 = 8x^2 \quad\quad |-5x^2$	$-14x - 53 = -16x \quad\quad |+14x$
$22x + 45 = 3\underline{x} \quad\quad |-22x$	$-53 = -2x \quad\quad |:(-2)$
$45 = -19x \quad\quad |:(-19)$	$26,5 = x$
$\left(-\frac{45}{19}\right) = x$	

Fehler-Check

1 a) $a^2 + 4ab + 4b^2$

   c) $-6x^2 - 2x + 28$

   b) $16a^2b^2 - 24abc + 9c^2$

   d) $-50r^2 + 40rs - 8s^2$

2 a) $2 + (x + 2) \cdot (x - 3) = x^2$
$\qquad 2 + x^2 - x - 6 = x^2 \quad | \text{zf.}$
$\qquad\quad x^2 - x - 4 = x^2 \quad | -x^2 + x$
$\qquad\qquad\qquad -4 = x \rightarrow \text{L}$

b) $\qquad (x - 4)^2 - x \cdot (x + 2) = 6$
$\qquad x^2 - 8x + 16 - x^2 - 2x = 6 \quad | \text{zf.}$
$\qquad\qquad\qquad -10x + 16 = 6 \quad | -16$
$\qquad\qquad\qquad\quad -10x = -10 \quad | :(-10)$
$\qquad\qquad\qquad\qquad\quad x = 1 \rightarrow \text{S}$

Seite 22

c) $x^2 - (x + 2) \cdot (7 + x) + 10x = -12$
$\quad x^2 - x^2 - 9x - 14 + 10x = -12 \quad | \text{zf.}$
$\qquad\qquad\qquad x - 14 = -12 \quad | +14$
$\qquad\qquad\qquad\qquad x = 2 \rightarrow \text{O}$

d) $\qquad 2x^2 - 0,5 \cdot (2x + 6)^2 = 6$
$\quad 2x^2 - 0,5 \cdot (4x^2 + 24x + 36) = 6$
$\quad 2x^2 - 2x^2 - 12x - 18 = 6 \quad | +18$
$\qquad\qquad\qquad -12x = 24 \quad | :(-12)$
$\qquad\qquad\qquad\quad x = -2 \rightarrow \text{O}$

Lösungswort: OSLO

3 a) $(x + 4) \cdot (x + 2) - x^2 = 8 + x$
$\quad x^2 + 6x + 8 - x^2 = 8 + x \quad | -8 - x$
$\qquad\qquad\qquad 5x = 0 \quad | :5$
$\qquad\qquad\qquad\quad x = 0$

b) $2 \cdot (x + 3) \cdot (x - 1) = 4 + 2x^2$
$\quad 2 \cdot (x^2 + 2x - 3) = 4 + 2x^2$
$\quad 2x^2 + 4x - 6 = 4 + 2x^2 \quad | +6 - 2x^2$
$\qquad\qquad 4x = 10 \quad | :4$
$\qquad\qquad\quad x = 2,5$

c) $\qquad (x + 5)^2 - 10 = x^2 + 13x$
$\quad x^2 + 10x + 25 - 10 = x^2 + 13x \quad | \text{zf.}$
$\quad x^2 + 10x + 15 = x^2 + 13x \quad | -x^2 - 10x$
$\qquad\qquad 15 = 3x \quad | :3$
$\qquad\qquad\quad 5 = x$

d) $2x - (x + 2) \cdot (x - 5) + x^2 = 12$
$\quad 2x - (x^2 - 3x - 10) + x^2 = 12$
$\quad 2x - x^2 + 3x + 10 + x^2 = 12 \quad | \text{zf.}$
$\qquad\qquad 5x + 10 = 12 \quad | -10$
$\qquad\qquad\quad 5x = 2 \quad | :5$
$\qquad\qquad\quad x = 0,4$

Kapitel 3: Keine Angst vor Brüchen!

Wie man Brüche addiert und subtrahiert

1 a)
| $\frac{1}{3}$ | $\frac{1}{5}$ | $\frac{1}{6}$ |
$\frac{8}{15}$ $\frac{11}{30}$ $\frac{9}{10}$

b)
| $\frac{7}{8}$ | $\frac{1}{2}$ | $\frac{1}{9}$ |
$\frac{3}{8}$ $\frac{7}{18}$ $-\frac{1}{72}$

Seite 24

2 a) $\dfrac{x}{2} + \dfrac{x}{3} = 20 \quad | \text{erw.}$
$\qquad \dfrac{3x}{6} + \dfrac{2x}{6} = 20 \quad | \text{zf.}$
$\qquad\quad \dfrac{5x}{6} = 20 \quad | \cdot 6$
$\qquad\quad 5x = 120 \quad | :5$
$\qquad\qquad x = 24$

b) $\dfrac{1}{2}x - \dfrac{2}{5} = \dfrac{3}{5} + \dfrac{1}{3}x \quad | +\dfrac{2}{5} - \dfrac{1}{3}x$
$\quad \dfrac{1}{2}x - \dfrac{1}{3}x = \dfrac{3}{5} + \dfrac{2}{5} \quad | \text{erw.; zf.}$
$\quad \dfrac{3}{6}x - \dfrac{2}{6}x = \dfrac{5}{5} \quad | \text{zf.}$
$\qquad \dfrac{1}{6}x = 1 \quad | \cdot 6$
$\qquad\quad x = 6$

Seite 25

Seite 25

c) $4 + \frac{2}{3}x = 8 - \frac{1}{3}x$ $\quad | -4 + \frac{1}{3}x$

$\quad \frac{2}{3}x + \frac{1}{3}x = 4$ $\quad\quad | \text{zf.}$

$\quad\quad \frac{3}{3}x = 4$

$\quad\quad\quad x = 4$

d) $\frac{2}{3} + x = \frac{3}{2} - x$ $\quad | +x - \frac{2}{3}$

$\quad 2x = \frac{3}{2} - \frac{2}{3}$ $\quad | \text{erw.}$

$\quad 2x = \frac{9}{6} - \frac{4}{6}$

$\quad 2x = \frac{5}{6}$ $\quad\quad | :2$

$\quad\quad x = \frac{5}{12}$

e) $\frac{3x}{5} + 21 = \frac{7x}{10} + 2x$ $\quad\quad | -\frac{3x}{5}$

$\quad 21 = \frac{7x}{10} + 2x - \frac{3x}{5}$ $\quad | \text{erw.}$

$\quad 21 = \frac{7x}{10} + \frac{20x}{10} - \frac{6x}{10}$ $\quad | \text{zf.}$

$\quad 21 = \frac{21x}{10}$ $\quad\quad | \cdot 10$

$\quad 210 = 21x$ $\quad\quad | :21$

$\quad 10 = x$

f) $\frac{2}{5}x + \frac{5}{6}x = \frac{3}{2}x - 16$ $\quad | -\frac{3}{2}x$

$\quad \frac{2}{5}x + \frac{5}{6}x - \frac{3}{2}x = -16$ $\quad | \text{erw.}$

$\quad \frac{12}{30}x + \frac{25}{30}x - \frac{45}{30}x = -16$ $\quad | \text{zf.}$

$\quad -\frac{8}{30}x = -16$ $\quad | \cdot 30$

$\quad -8x = -480$ $\quad | :(-8)$

$\quad x = 60$

g) $1\frac{4}{5} - 3x = 5\frac{2}{15} - x$ $\quad | +3x - 5\frac{2}{15}$

$\quad 1\frac{4}{5} - 5\frac{2}{15} = 2x$

$\quad \frac{9}{5} - \frac{77}{15} = 2x$ $\quad\quad | \text{erw.}$

$\quad \frac{27}{15} - \frac{77}{15} = 2x$ $\quad\quad | \text{zf.}$

$\quad -\frac{50}{15} = 2x$ $\quad\quad | :2$

$\quad -\frac{25}{15} = x$ $\quad\quad | \text{kürzen}$

$\quad -\frac{5}{3} = -2\frac{1}{3} = x$

h) $\frac{1}{2} - \frac{4}{3}x = 3\frac{1}{6} + \frac{2}{3}x$ $\quad | -3\frac{1}{6} + \frac{4}{3}x$

$\quad \frac{1}{2} - 3\frac{1}{6} = \frac{6}{3}x$ $\quad\quad | \text{erw.}$

$\quad \frac{3}{6} - \frac{19}{6} = 2x$ $\quad\quad | \text{zf.}$

$\quad -\frac{16}{6} = 2x$

$\quad -\frac{8}{3} = 2x$ $\quad\quad | :2$

$\quad -\frac{4}{3} = -1\frac{1}{3} = x$

i) $\frac{4}{3}x - 1\frac{2}{3} = 3x - 9\frac{1}{6}$ $\quad | -\frac{4}{3}x + 9\frac{1}{6}$

$\quad 9\frac{1}{6} - 1\frac{2}{3} = 3x - \frac{4}{3}x$ $\quad | \text{erw.}$

$\quad \frac{55}{6} - \frac{10}{6} = \frac{9}{3}x - \frac{4}{3}x$

$\quad \frac{45}{6} = \frac{5}{3}x$ $\quad\quad | \cdot 3$

$\quad \frac{45}{2} = 5x$ $\quad\quad | :5$

$\quad \frac{9}{2} = 4\frac{1}{2} = x$

j) $\frac{4}{3}x - 6{,}23 = 3{,}02 - \frac{7}{4}x$ $\quad | +6{,}23 + \frac{7}{4}x$

$\quad \frac{4}{3}x + \frac{7}{4}x = 9{,}25$ $\quad | \text{erw.}$

$\quad \frac{16}{12}x + \frac{21}{12}x = 9{,}25$ $\quad | \text{zf.}$

$\quad \frac{37}{12}x = 9{,}25$ $\quad | \cdot 12$

$\quad 37x = 111$ $\quad | :37$

$\quad x = 3$

❸ a) $\dfrac{x}{2} + \dfrac{2x}{3} = 7$ | erw.

$\dfrac{3x}{6} + \dfrac{4x}{6} = 7$ | zf.

$\dfrac{7x}{6} = 7$ | $\cdot 6$

$7x = 42$ | $:7$

$x = 6$

b) $\dfrac{2x}{3} + \dfrac{5x}{2} = 19$ | erw.

$\dfrac{4x}{6} + \dfrac{15x}{6} = 19$ | zf.

$\dfrac{19x}{6} = 19$ | $\cdot 6$

$19x = 114$ | $:19$

$x = 6$

Seite 25

c) $\dfrac{3 + 8x}{2} - \dfrac{4x - 11}{5} = \dfrac{1}{2}$ | erw.

$\dfrac{15 + 40x}{10} - \dfrac{8x - 22}{10} = \dfrac{1}{2}$ | zf.

$\dfrac{15 + 40x - (8x - 22)}{10} = \dfrac{1}{2}$

$\dfrac{37 + 32x}{10} = \dfrac{1}{2}$ | $\cdot 10$

$37 + 32x = 5$ | -37

$32x = -32$ | $:32$

$x = -1$

❹ a) $\dfrac{3x + 2}{2} - \dfrac{5x - 1}{3} = 4$ | erw.

$\dfrac{9x + 6}{6} - \dfrac{10x - 2}{6} = 4$ | zf.

$\dfrac{-x + 8}{6} = 4$ | $\cdot 6$

$-x + 8 = 24$ | -8

$-x = 16$ | $\cdot (-1)$

$x = -16$

b) $\dfrac{x + 2}{4} - x = \dfrac{x + 3}{3} + 6$ | $-\dfrac{x + 3}{3}$

$\dfrac{x + 2}{4} - x - \dfrac{x + 3}{3} = 6$ | erw.

$\dfrac{3x + 6}{12} - \dfrac{12x}{12} - \dfrac{4x + 12}{12} = 6$ | zf.

$\dfrac{-13x - 6}{12} = 6$ | $\cdot 12$

$-13x - 6 = 72$ | $+6$

$-13x = 78$ | $:(-13)$

$x = -6$

Seite 26

c) $\dfrac{3x - 6}{2} - \dfrac{2x + 3}{3} = 1$ | erw.

$\dfrac{9x - 18}{6} - \dfrac{4x + 6}{6} = 1$ | zf.

$\dfrac{5x - 24}{6} = 1$ | $\cdot 6$

$5x - 24 = 6$ | $+24$

$5x = 30$ | $:5$

$x = 6$

d) $\dfrac{8x - 6}{3} = \dfrac{3 - 2x}{5}$ | erw.

$\dfrac{40x - 30}{15} = \dfrac{9 - 6x}{15}$ | $\cdot 15$

$40x - 30 = 9 - 6x$ | $+6x + 30$

$46x = 39$ | $:46$

$x = \dfrac{39}{46}$

e) $\dfrac{15x + 21 - 7x}{2} = \dfrac{13 + 6x + 32}{3}$ | zf.

$\dfrac{8x + 21}{2} = \dfrac{45 + 6x}{3}$ | erw.

$\dfrac{24x + 63}{6} = \dfrac{90 + 12x}{6}$ | $\cdot 6$

$24x + 63 = 90 + 12x$ | $-12x - 63$

$12x = 27$ | $:12$

$x = \dfrac{27}{12} = 2\dfrac{3}{12} = 2\dfrac{1}{4}$

Lösungen

Fehler-Check

1 a) $\frac{2}{3} + \frac{1}{7} = \frac{17}{21}$

b) $-\frac{11}{32} + \frac{3}{8} = \frac{1}{32}$

c) $\frac{1}{9} - \frac{3}{7} = -\frac{20}{63}$

2 a)
$$\frac{x}{2} + \frac{x}{4} = 5 \quad | \text{erw.}$$
$$\frac{2x}{4} + \frac{x}{4} = 5 \quad | \text{zf.}$$
$$\frac{3x}{4} = 5 \quad | \cdot 4$$
$$3x = 20 \quad |:3$$
$$x = \frac{20}{3} = 6\frac{2}{3}$$

b)
$$\frac{x}{2} + \frac{x}{3} = \frac{x}{4} + 6 \quad |-\frac{x}{4}$$
$$\frac{x}{2} + \frac{x}{3} - \frac{x}{4} = 6 \quad | \text{erw.}$$
$$\frac{6x}{12} + \frac{4x}{12} - \frac{3x}{12} = 6 \quad | \text{zf.}$$
$$\frac{7x}{12} = 6 \quad | \cdot 12$$
$$7x = 72 \quad |:7$$
$$x = \frac{72}{7} = 10\frac{2}{7}$$

c)
$$\frac{x+2}{3} + \frac{x+6}{5} = 5 \quad | \text{erw.}$$
$$\frac{5x+10}{15} + \frac{3x+18}{15} = 5 \quad | \text{zf.}$$
$$\frac{8x+28}{15} = 5 \quad | \cdot 15$$
$$8x + 28 = 75 \quad |-28$$
$$8x = 47 \quad |:8$$
$$x = \frac{47}{8} = 5\frac{7}{8}$$

3 a)
$$\frac{3}{8} + 6x = \frac{5}{4} - x \quad |+x - \frac{3}{8}$$
$$7x = \frac{5}{4} - \frac{3}{8} \quad | \text{erw.}$$
$$7x = \frac{10}{8} - \frac{3}{8} \quad | \text{zf.}$$
$$7x = \frac{7}{8} \quad |:7$$
$$x = \frac{1}{8} \rightarrow T$$

b)
$$\frac{5}{6} + 2x = \frac{11}{12} + x \quad |-x - \frac{5}{6}$$
$$x = \frac{11}{12} - \frac{5}{6} \quad | \text{erw.}$$
$$x = \frac{11}{12} - \frac{10}{12}$$
$$x = \frac{1}{12} \rightarrow Ü$$

c)
$$\frac{2}{3}y - \frac{1}{3} = 1 - \frac{1}{2} + \frac{1}{6}y \quad |+\frac{1}{3} - \frac{1}{6}y$$
$$\frac{2}{3}y - \frac{1}{6}y = 1 - \frac{1}{2} + \frac{1}{3} \quad | \text{erw.}$$
$$\frac{4}{6}y - \frac{1}{6}y = \frac{6}{6} - \frac{3}{6} + \frac{2}{6} \quad | \text{zf.}$$
$$\frac{3}{6}y = \frac{5}{6} \quad | \cdot 6$$
$$3y = 5 \quad |:3$$
$$y = \frac{5}{3} = 2\frac{2}{3} \rightarrow R$$

d)
$$\frac{16}{3}z - \frac{2}{7} + \frac{17}{3}z = -\frac{30}{7} + \frac{23}{3}z \quad |+\frac{2}{7} - \frac{23}{3}z$$
$$\frac{16}{3}z + \frac{17}{3}z - \frac{23}{3}z = -\frac{30}{7} + \frac{2}{7} \quad | \text{zf.}$$
$$\frac{10}{3}z = -\frac{28}{7}$$
$$\frac{10}{3}z = -4 \quad | \cdot 3$$
$$10z = -12 \quad |:10$$
$$z = -\frac{12}{10} = -1\frac{1}{5} \rightarrow K$$

e)
$$\frac{x}{5} + \frac{3x}{2} = \frac{x-2}{4} + 15 \quad \Big| - \frac{x-2}{4}$$
$$\frac{x}{5} + \frac{3x}{2} - \frac{x-2}{4} = 15 \quad | \text{erw.}$$
$$\frac{4x}{20} + \frac{30x}{20} - \frac{5x-10}{20} = 15 \quad | \text{zf.}$$
$$\frac{29x+10}{20} = 15 \quad | \cdot 20$$
$$29x + 10 = 300 \quad | -10$$
$$29x = 290 \quad | :29$$
$$x = 10 \rightarrow E$$

f)
$$\frac{2x+7}{3} + \frac{3x-5}{4} - \frac{3x+1}{2} = 0 \quad | \text{erw.}$$
$$\frac{8x+28}{12} + \frac{9x-15}{12} - \frac{18x+6}{12} = 0 \quad | \text{zf.}$$
$$\frac{-x+7}{12} = 0 \quad | \cdot 12$$
$$-x + 7 = 0 \quad | + x$$
$$7 = x \rightarrow I$$

Lösungswort: Türkei

Seite 26

Brüche fehlerfrei multiplizieren und dividieren

1 a) $\boxed{\frac{2}{5}} - \odot - \boxed{\frac{3}{4}} \rightarrow \boxed{\frac{3}{10}} - \odot - \boxed{-5} \rightarrow \boxed{-\frac{3}{2}}$

b) $\boxed{\frac{2}{7}} - \odiv - \boxed{-\frac{6}{14}} \rightarrow \boxed{-\frac{2}{3}} - \odiv - \boxed{-12} \rightarrow \boxed{\frac{1}{18}}$

Seite 28

2 a)
$$\frac{2}{25}x - \frac{3}{5} = \frac{7}{5} \quad \Big| + \frac{3}{5}$$
$$\frac{2}{25}x = \frac{\overset{2}{\cancel{10}}}{\cancel{5}} = 2 \quad \Big| \cdot \frac{25}{2}$$
$$x = \frac{\cancel{2} \cdot 25}{\cancel{2}} = 25$$

b)
$$3 + \frac{4}{3}x = 27 \quad | -3$$
$$\frac{4}{3}x = 24 \quad \Big| \cdot \frac{3}{4}$$
$$x = \frac{\overset{6}{\cancel{24}} \cdot 3}{\cancel{4}}$$
$$x = 18$$

c)
$$-\frac{3}{5} + \frac{3}{4}x = \frac{13}{10} \quad \Big| + \frac{3}{5}$$
$$\frac{3}{4}x = \frac{13}{10} + \frac{3}{5} \quad | \text{erw.}$$
$$\frac{3}{4}x = \frac{13}{10} + \frac{6}{10} = \frac{19}{10} \quad \Big| \cdot \frac{4}{3}$$
$$x = \frac{19}{\cancel{10}} \cdot \frac{\cancel{4}}{3} = \frac{38}{15} = 2\frac{8}{15}$$

d)
$$\frac{1}{6} - 2x = -\frac{5}{2} \quad \Big| - \frac{1}{6}$$
$$-2x = -\frac{15}{6} - \frac{1}{6} \quad | \text{zf.}$$
$$-2x = -\frac{16}{6} \quad | :(-2)$$
$$x = \frac{\overset{4}{\cancel{16}}}{\cancel{6} \cdot (\cancel{-2})} = \frac{4}{3} = 1\frac{1}{3}$$

e)
$$2x - 1\frac{3}{4} = -\frac{13}{12} \quad \Big| + 1\frac{3}{4}$$
$$2x = -\frac{13}{12} + \frac{7}{4} \quad | \text{erw.}$$
$$2x = -\frac{13}{12} + \frac{21}{12} \quad | \text{zf.}$$
$$2x = \frac{8}{12} \quad | :2$$
$$x = \frac{4}{12} = \frac{1}{3}$$

f)
$$\frac{9}{4}x - 3\frac{1}{2} = -\frac{2}{5}x - \frac{17}{20} \quad \Big| + 3\frac{1}{2} + \frac{2}{5}x$$
$$\frac{9}{4}x + \frac{2}{5}x = \frac{7}{2} - \frac{17}{20} \quad | \text{erw.}$$
$$\frac{45}{20}x + \frac{8}{20}x = \frac{70}{20} - \frac{17}{20} \quad | \text{zf.}$$
$$\frac{53}{20}x = \frac{53}{20} \quad \Big| \cdot \frac{20}{53}$$
$$x = 1$$

Seite 28

g)
$$\frac{1}{3}x + 2x = \frac{1}{4}x + 50 \qquad |-\frac{1}{4}x$$
$$\frac{1}{3}x + 2x - \frac{1}{4}x = 50 \qquad |\text{ erw.}$$
$$\frac{4}{12}x + \frac{24}{12}x - \frac{3}{12}x = 50 \qquad |\text{zf.}$$
$$\frac{25}{12}x = 50 \qquad |\cdot\frac{12}{25}$$
$$x = \frac{\overset{2}{\cancel{50}}\cdot 12}{\underset{1}{\cancel{25}}}$$
$$x = 24$$

h)
$$\frac{2}{3}x + \frac{7}{3} + \frac{3}{4}x - \frac{5}{4} = \frac{3}{2}x + \frac{1}{2} \qquad |-\frac{3}{2}x + \frac{5}{4} - \frac{7}{3}$$
$$\frac{2}{3}x + \frac{3}{4}x - \frac{3}{2}x = \frac{1}{2} + \frac{5}{4} - \frac{7}{3} \qquad |\text{ erw.}$$
$$\frac{8}{12}x + \frac{9}{12}x - \frac{18}{12}x = \frac{6}{12} + \frac{15}{12} - \frac{28}{12} \qquad |\text{zf.}$$
$$-\frac{1}{12}x = -\frac{7}{12} \qquad |\cdot\left(\frac{-12}{1}\right)$$
$$x = 7$$

Seite 29

3 a)
$$2\cdot x + 2\cdot\left(\frac{3}{2}x + \frac{2}{3}x\right) = 95$$
$$2x + 2\cdot\left(\frac{9}{6}x + \frac{4}{6}x\right) = 95$$
$$2x + \overset{1}{\cancel{2}}\cdot\frac{13}{\underset{3}{\cancel{6}}}x = 95$$
$$\frac{6}{3}x + \frac{13}{3}x = 95 \qquad |\text{zf.}$$
$$\frac{19}{3}x = 95 \qquad |\cdot\frac{3}{19}$$
$$x = \overset{5}{\cancel{95}}\cdot\frac{3}{\underset{1}{\cancel{19}}}$$
$$x = 15\text{ cm}$$

b)
$$\frac{10}{5}x + \frac{8}{5}x + \frac{2\cdot15}{5}x = 240$$
$$\frac{18}{5}x + \frac{30}{5}x = 240$$
$$\frac{48}{5}x = 240 \qquad |:\left(\frac{48}{5}\right)$$
$$x = 25\text{ m}$$

4 a)
$$5\cdot x + \frac{3\cdot x}{2} = 45,5$$
$$\frac{10}{2}x + \frac{3}{2}x = 45,5 \qquad |\text{zf.}$$
$$\frac{13}{2}x = 45,5 \qquad |\cdot\frac{2}{13}$$
$$x = 45,5\cdot\frac{2}{13}$$
$$x = 7\text{ m}$$

b)
$$5\cdot x + \frac{3\cdot x}{2} - 1\cdot\frac{1}{4}x - 3\cdot1\cdot\frac{1}{10}x = 53,55$$
$$\frac{13}{2}x - \frac{1}{4}x - \frac{3}{10}x = 53,55 \qquad |\text{ erw.}$$
$$\frac{130}{20}x - \frac{5}{20}x - \frac{6}{20}x = 53,55 \qquad |\text{zf.}$$
$$\frac{119}{20}x = 53,55 \qquad |\cdot\frac{20}{119}$$
$$x = 9\text{ m}$$

Seite 30

Fehler-Check

1 a) $\frac{3}{7}\cdot\frac{1}{4} = \frac{3}{28}$ 　　b) $-\frac{1}{9}\cdot(-3) = \frac{1}{3}$ 　　c) $\frac{2}{11}\cdot\frac{33}{8} = \frac{3}{4}$

d) $\frac{3}{5}:\frac{4}{3} = \frac{9}{20}$ 　　e) $-\frac{1}{3}:\frac{7}{2} = -\frac{2}{21}$ 　　f) $-\frac{5}{16}:\left(-3\frac{1}{8}\right) = \frac{1}{10}$

2 a)
$$7x - \frac{3}{5}x - \frac{3}{5} = -1 \qquad |+\frac{3}{5}$$
$$7x - \frac{3}{5}x = -1 + \frac{3}{5} \qquad |\text{ erw.}$$
$$\frac{35}{5}x - \frac{3}{5}x = -\frac{5}{5} + \frac{3}{5} \qquad |\text{zf.}$$
$$\frac{32}{5}x = -\frac{2}{5} \qquad |\cdot\frac{5}{32}$$
$$x = -\frac{\overset{1}{\cancel{2}}}{\underset{1}{\cancel{5}}}\cdot\frac{\overset{1}{\cancel{5}}}{\underset{16}{\cancel{32}}} = -\frac{1}{16}$$

b)
$$16 - \frac{1}{6}x + \frac{4}{3} = 10 \qquad |-10 + \frac{1}{6}x$$
$$6 + \frac{4}{3} = \frac{1}{6}x \qquad |\text{zf.}$$
$$\frac{22}{3} = \frac{1}{6}x \qquad |\cdot6$$
$$44 = x$$

c) $21 - \frac{1}{3}x = \frac{4}{5}x + 4$ $\quad | -4 + \frac{1}{3}x$ Seite 30

$\qquad 17 = \frac{4}{5}x + \frac{1}{3}x$ $\quad |$ erw.

$\qquad 17 = \frac{12}{15}x + \frac{5}{15}x$ $\quad |$ zf.

$\qquad 17 = \frac{17}{15}x$ $\quad | \cdot \frac{15}{17}$

$\qquad 15 = x$

3 a) $\frac{x}{5} - \frac{2}{3} = \frac{1}{4}$ $\quad | + \frac{2}{3}$

$\qquad \frac{x}{5} = \frac{1}{4} + \frac{2}{3}$ $\quad |$ erw.

$\qquad \frac{x}{5} = \frac{3}{12} + \frac{8}{12}$ $\quad |$ zf.

$\qquad \frac{x}{5} = \frac{11}{12}$ $\quad | \cdot 5$

$\qquad x = \frac{55}{12} = 4\frac{7}{12}$

b) $\quad 4x + \frac{2}{8} = \frac{14}{8}$ $\quad | - \frac{2}{8}$

$\qquad 4x = \frac{12}{8}$ $\quad | : 4$

$\qquad x = \frac{\overset{3}{\cancel{12}}}{8 \cdot \underset{1}{\cancel{4}}} = \frac{3}{8}$

c) $x \cdot \left(\frac{2}{3} \cdot \frac{4}{9}\right) - 3 = 2$ $\quad | + 3$

$\qquad x \cdot \left(\frac{2}{3} \cdot \frac{4}{9}\right) = 5$

$\qquad x \cdot \frac{8}{27} = 5$ $\quad | \cdot \frac{27}{8}$

$\qquad x = \frac{135}{8} = 16\frac{7}{8}$

d) $\frac{2}{5}x - \frac{2}{4} = \frac{1}{5}$ $\quad | + \frac{2}{4}$

$\qquad \frac{2}{5}x = \frac{1}{5} + \frac{2}{4}$ $\quad |$ erw.

$\qquad \frac{2}{5}x = \frac{4}{20} + \frac{10}{20}$ $\quad |$ zf.

$\qquad \frac{2}{5}x = \frac{14}{20}$ $\quad | \cdot \frac{5}{2}$

$\qquad x = \frac{\overset{7}{\cancel{14}}}{\underset{4}{\cancel{20}}} \cdot \frac{\overset{1}{\cancel{5}}}{\underset{1}{\cancel{2}}} = \frac{7}{4} = 1\frac{3}{4}$

Wie aus Brüchen Bruchterme werden

1 Nur a) und c) sind Bruchterme, b) und d) haben keine Variablen im Nenner. Seite 32

2 a) $D = \mathbb{Q} \setminus \{-1\}$ b) $D = \mathbb{Q} \setminus \{0\}$ c) $D = \mathbb{R} \setminus \{-4; 3\}$ Seite 33

d) $D = \mathbb{R}$ e) $D = \mathbb{Q} \setminus \{0; 5\}$ f) $D = \mathbb{N} \setminus \{4\}$; $-4 \notin \mathbb{N}!$

g) $D = \mathbb{Q} \setminus \{-12; 0\}$ h) $D = \mathbb{N} \setminus \{2; 4\}$

3 a) $HN = 5x$ b) $HN = a \cdot (a + 1)$ c) $HN = (u + 1) \cdot (u - 1)$

d) $HN = 3u \cdot (u + 2)$ e) $HN = 2 \cdot (x + 8) \cdot (x - 8)$ f) $HN = 2 \cdot (x + 1) \cdot (1 - x)$

4 a) $\frac{3}{2x} = \frac{-12}{-8x}$; $D = \mathbb{R} \setminus \{0\}$ b) $\frac{1}{x - 2} = \frac{x}{x^2 - 2x}$; $D = \mathbb{R} \setminus \{0; 2\}$ Seite 34

c) $\frac{7}{x + 2} = \frac{7 \cdot (x - 2)}{x^2 - 4}$; $D = \mathbb{R} \setminus \{\pm 2\}$ d) $\frac{3x}{2 + x} = \frac{3x \cdot (x - 4)}{x^2 - 2x - 8}$; $D = \mathbb{R} \setminus \{-2; 4\}$

5 a) $\frac{\overset{1}{\cancel{12}}x^{\overset{1}{}}}{\underset{3}{\cancel{36}}x^2} = \frac{1}{3x}$; $D = \mathbb{R} \setminus \{0\}$ b) $\frac{5\cancel{x}}{\underset{1}{\cancel{x} \cdot (x + 3)}} = \frac{5}{x + 3}$; $D = \mathbb{R} \setminus \{-3; 0\}$

c) $\frac{4x^2}{x^2 + 6x} = \frac{4x^{\overset{2}{}}}{\underset{1}{\cancel{x} \cdot (x + 6)}} = \frac{4x}{x + 6}$; $D = \mathbb{R} \setminus \{-6; 0\}$

d) $\frac{x - 6}{2 \cdot (x^2 - 36)} = \frac{\overset{1}{(x - 6)}}{2 \cdot (x + 6) \cdot \underset{1}{(x - 6)}} = \frac{1}{2 \cdot (x + 6)}$; $D = \mathbb{R} \setminus \{\pm 6\}$

e) $\frac{2x^2-50}{x+5} = \frac{2\cdot(x+5)\cdot(x-5)}{(x+5)} = \frac{2(x-5)}{1}$; $D = \mathbb{R}\setminus\{-5\}$

f) $\frac{9x^3-x}{1+3x} = \frac{x\cdot(3x+1)\cdot(3x-1)}{(3x+1)} = \frac{x\cdot(3x+1)}{1}$; $D = \mathbb{R}\setminus\{-\frac{1}{3}\}$

6 a) $\frac{6}{x} + \frac{3-x}{x+2} = \frac{6\cdot(x+2)}{x\cdot(x+2)} + \frac{(3-x)\cdot x}{x\cdot(x+2)} = \frac{6x+12+3x-x^2}{x\cdot(x+2)} = \frac{-x^2+9x+12}{x\cdot(x+2)}$

b) $\frac{1}{3-3x} - \frac{2}{1-x} = \frac{1}{3-3x} - \frac{2\cdot3}{3-3x} = \frac{1-6}{3-3x} = -\frac{5}{3-3x}$

c) $\frac{3}{x+1} + \frac{2}{x-1} = \frac{3\cdot(x-1)}{(x+1)\cdot(x-1)} + \frac{2\cdot(x+1)}{(x+1)\cdot(x-1)} = \frac{3x-3+2x+2}{x^2-1} = \frac{5x-1}{x^2-1}$

d) $\frac{x}{7x^2-28} - \frac{1}{3x+6} = \frac{x\cdot3}{21\cdot(x+2)\cdot(x-2)} - \frac{1\cdot7\cdot(x-2)}{21\cdot(x+2)\cdot(x-2)} = \frac{3x-7x+14}{21\cdot(x^2-4)} = \frac{-4x+14}{21(x^2-4)}$

e) $\frac{2}{4b}\cdot\frac{8}{2{,}5b} = \frac{1}{b^2}$

f) $\frac{3}{x^2}:\frac{6}{x} = \frac{3}{x^2}\cdot\frac{x}{6} = \frac{1}{2x}$

g) $\frac{x^2}{2x+8}\cdot\frac{x+4}{3x} = \frac{x^2}{2(x+4)}\cdot\frac{(x+4)}{3x} = \frac{x}{6}$

h) $\frac{x-2}{4+x}:\frac{2x-4}{4-x} = \frac{(x-2)}{4+x}\cdot\frac{4-x}{2(x-2)} = \frac{4-x}{8+2x}$

i) $\frac{x-7}{3x+9}\cdot\frac{x+3}{2x^2-98} = \frac{(x-7)}{3\cdot(x+3)}\cdot\frac{(x+3)}{2\cdot(x+7)\cdot(x-7)} = \frac{1}{6\cdot(x+7)}$

j) $\frac{x^3-x}{x^2+4x+4}:\frac{x^2-1}{2x+4} = \frac{x(x^2-1)}{(x+2)^2}\cdot\frac{2(x+2)}{(x^2-1)} = \frac{2x}{x+2}$

Fehler-Check

1 a) $\frac{6x}{x-2{,}5}$; $D = \mathbb{R}\setminus\{2{,}5\}$ b) $\frac{-2}{x^2-6x+9} = \frac{-2}{(x-3)^2}$; $D = \mathbb{R}\setminus\{3\}$

c) $\frac{x-5}{x^2-9} = \frac{x-5}{(x+3)\cdot(x-3)}$; $D = \mathbb{R}\setminus\{\pm3\}$ d) $\frac{7-x}{x^3-49x} = \frac{7-x}{x\cdot(x+7)\cdot(x-7)}$; $D = \mathbb{R}\setminus\{0;\pm7\}$

2 a) $\frac{x+3}{5x} = \frac{3x^2+9x}{15x^2}$ b) $\frac{3}{x-2} = \frac{-12x}{-4x^2+8x}$ c) $\frac{x^2-4}{1-x} = \frac{x^3-4x}{x-x^2}$

d) $\frac{a+5}{a-2} = \frac{a^2+10a+25}{a^2+3a-10}$ e) $\frac{x-3}{4x} = \frac{x^2+9x-36}{4x^2+48x}$ f) $\frac{11-x}{x-0{,}5} = \frac{-x^2+9x+22}{x^2+1{,}5x-1}$

3 a) $\frac{4}{8x} - \frac{3}{6x} + \frac{11}{24x} = \frac{12}{24x} - \frac{12}{24x} + \frac{11}{24x} = \frac{11}{24x}$

b) $\frac{5}{x+1} - \frac{3}{x-1} = \frac{5\cdot(x-1)}{(x+1)\cdot(x-1)} - \frac{3\cdot(x+1)}{(x+1)\cdot(x-1)} = \frac{5x-5-3x-3}{x^2-1} = \frac{2x-8}{x^2-1}$

c) $\frac{4x^2}{x^2-9} - \frac{2x}{x+3} + \frac{x}{x-3} = \frac{4x^2}{x^2-9} - \frac{2x\cdot(x-3)}{x^2-9} + \frac{x\cdot(x+3)}{x^2-9} = \frac{4x^2-2x^2+6x+x^2+3x}{x^2-9} = \frac{3x^2+9x}{x^2-9}$

$= \frac{3x\cdot(x+3)}{(x+3)\cdot(x-3)} = \frac{3x}{x-3}$

d) $\frac{x}{a^2-b^2}:\frac{2x}{a+b} = \frac{x}{(a+b)\cdot(a-b)}\cdot\frac{(a+b)}{2x} = \frac{1}{2\cdot(a-b)}$

e) $\frac{-2a^2+2b^2}{4\cdot(a+b)}\cdot\frac{a^2+2ab+b^2}{a-b} = \frac{-2\cdot(a+b)\cdot(a-b)}{4\cdot(a+b)}\cdot\frac{(a+b)\cdot(a+b)}{(a-b)} = \frac{-(a+b)^2}{2}$

f) $\frac{3x-1}{x^2-1}:\frac{1-3x}{4-4x} = \frac{3x-1}{(x+1)\cdot(x-1)}\cdot\frac{4\cdot(1-x)}{1-3x} = \frac{(3x-1)}{(x+1)\cdot(x-1)}\cdot\frac{4\cdot(x-1)}{1\cdot(3x-1)} = \frac{4}{x+1}$

Bruchgleichungen systematisch lösen

❶ a) $D = \mathbb{R} \setminus \{0\}$; $L = \left\{\frac{3}{5}\right\}$ b) $D = \mathbb{R} \setminus \{0\}$; $L = \left\{\frac{1}{8}\right\}$ c) $D = \mathbb{R} \setminus \{0\}$; $L = \{\ \}$

    d) $D = \mathbb{R} \setminus \{0\}$; $L = \{1\}$ e) $D = \mathbb{R} \setminus \{0\}$; $L = \{2\}$ f) $D = \mathbb{R} \setminus \{-2\}$; $L = \{1\}$

❷ a)

$$\frac{2}{x} = \frac{5}{x-2} \quad | \text{ü.m.}^1; \ D = \mathbb{R} \setminus \{0; 2\}$$

$$2 \cdot (x - 2) = 5x$$
$$2x - 4 = 5x \qquad | -2x$$
$$-4 = 3x \qquad | :3$$
$$-\frac{4}{3} = x \in D \ \Rightarrow \ L = \left\{-\frac{4}{3}\right\}$$

b)

$$\frac{10}{x+3} = \frac{2}{x-1}; \ D = \mathbb{R} \setminus \{-3; 1\}$$

$$10 \cdot (x - 1) = 2 \cdot (x + 3)$$
$$10x - 10 = 2x + 6 \qquad | + 10 - 2x$$
$$8x = 16 \qquad | :8$$
$$x = 2 \in D \ \Rightarrow \ L = \{2\}$$

c)

$$\frac{4}{3x+2} = \frac{-2}{x-0,5}; \ D = \mathbb{R} \setminus \left\{-\frac{2}{3}; 0,5\right\}$$

$$4 \cdot (x - 0,5) = -2 \cdot (3x + 2)$$
$$4x - 2 = -6x - 4 \qquad | + 2 + 6x$$
$$10x = -2 \qquad | :10$$
$$x = -\frac{1}{5} \in D \ \Rightarrow \ L = \left\{-\frac{1}{5}\right\}$$

d)

$$\frac{1}{x} + \frac{6}{4+x} = 0 \quad \left| -\frac{6}{4+x}; \ D = \mathbb{R} \setminus \{-4; 0\}\right.$$

$$\frac{1}{x} = -\frac{6}{4+x}$$
$$4 + x = -6 \cdot x \qquad | -x$$
$$4 = -7x \qquad | :(-7)$$
$$-\frac{4}{7} = x \in D \ \Rightarrow \ L = \left\{-\frac{4}{7}\right\}$$

e) $\dfrac{5}{x+2} - \dfrac{12}{4x+8} = 0 \qquad\qquad \left| + \dfrac{12}{4x+8}; \ D = \mathbb{R} \setminus \{-2\}\right.$

$$\frac{5}{x+2} = \frac{12}{4x+8}$$
$$5 \cdot (4x + 8) = 12 \cdot (x + 2)$$
$$20x + 40 = 12x + 24 \qquad | -40 - 12x$$
$$8x = -16$$
$$x = -2 \notin D \ \Rightarrow \ L = \{\ \}$$

f) $\dfrac{1,2}{1,5x-3} - \dfrac{6,6}{6-3x} = 0 \qquad\qquad \left| + \dfrac{6,6}{6-3x}; \ D = \mathbb{R} \setminus \{2\}\right.$

$$\frac{1,2}{1,5x-3} = \frac{6,6}{6-3x}$$
$$1,2 \cdot (6 - 3x) = 6,6 \cdot (1,5x - 3)$$
$$7,2 - 3,6x = 9,9x - 19,8 \qquad | + 3,6x + 19,8$$
$$27 = 13,5x \qquad | :13,5$$
$$2 = x \notin D \ \Rightarrow \ L = \{\ \}$$

❸ a)

$$\frac{x}{x^2-4} = \frac{2}{2x+4}; \ D = \mathbb{R} \setminus \{\pm 2\}$$

$$x \cdot (2x + 4) = 2(x^2 - 4)$$
$$2x^2 + 4x = 2x^2 - 8 \qquad | -2x^2$$
$$4x = -8 \qquad | :4$$
$$x = -2 \notin D \ \Rightarrow \ L = \{\ \}$$

b)

$$\frac{x+1}{x-2} = \frac{x+3}{x+2}; \ D = \mathbb{R} \setminus \{\pm 2\}$$

$$(x + 1) \cdot (x + 2) = (x + 3) \cdot (x - 2)$$
$$x^2 + 3x + 2 = x^2 + x - 6 \quad | -x^2 - x - 2$$
$$2x = -8 \qquad | :2$$
$$x = -4 \in D \ \Rightarrow \ L = \{-4\}$$

---

1   „ü.m." bedeutet „überkreuz multiplizieren", auf diese Angabe wird in den folgenden Aufgaben verzichtet.

c) $\frac{x+5}{3x} = \frac{x-2}{3x+8}$; $D = \mathbb{R} \setminus \left\{-\frac{8}{3}; 0\right\}$

$(x+5) \cdot (3x+8) = (x-2) \cdot 3x$

$3x^2 + 23x + 40 = 3x^2 - 6x \mid -3x^2 - 23x$

$\qquad\qquad 40 = -29x \quad \mid : (-29)$

$\qquad -\frac{40}{29} = x \in D \implies L = \left\{-\frac{40}{29}\right\}$

d) $\frac{2}{x-2,5} = \frac{2x+4}{x^2-16}$; $D = \mathbb{R} \setminus \{\pm 4; 2,5\}$

$2 \cdot (x^2 - 16) = (2x+4) \cdot (x - 2,5)$

$2x^2 - 32 = 2x^2 - x - 10 \mid -2x^2 + 10$

$\qquad -22 = -x \qquad\quad \mid \cdot (-1)$

$\qquad\quad 22 = x \in D \implies L = \{22\}$

e) $\frac{4x}{x^2+3x+2} = \frac{8}{2x+5}$; $D = \mathbb{R} \setminus \{-2,5; -2; -1\}$

$4x \cdot (2x+5) = 8 \cdot (x^2 + 3x + 2)$

$8x^2 + 20x = 8x^2 + 24x + 16 \qquad \mid -8x^2 - 24x$

$\qquad -4x = 16 \qquad\qquad\qquad \mid : (-4)$

$\qquad\quad x = -4 \in D \implies L = \{-4\}$

f) $\frac{2x-3,5}{3-x} = \frac{-4x}{5+2x}$; $D = \mathbb{R} \setminus \{-2,5; 3\}$

$(2x - 3,5) \cdot (5 + 2x) = -4x \cdot (3 - x)$

$4x^2 + 3x - 17,5 = 4x^2 - 12x \quad \mid -4x^2 - 3x$

$\qquad\quad -17,5 = -15x \qquad\quad \mid : (-15)$

$\qquad\qquad \frac{17,5}{15} = x \qquad\qquad \mid \frac{17,5}{15} = \frac{\overset{7}{\cancel{175}}}{\underset{6}{\cancel{150}}}$

$\qquad\qquad\quad \frac{7}{6} = x \in D \implies L = \left\{\frac{7}{6}\right\}$

4 a)

$\frac{x+1}{x-1} - \frac{x-1}{x+1} = \frac{4x}{x^2-1}$ $\quad \mid$ erw. auf HN $= (x+1) \cdot (x-1)$; $D = \mathbb{R} \setminus \{\pm 1\}$

$\frac{(x+1) \cdot (x+1)}{(x+1) \cdot (x-1)} - \frac{(x-1) \cdot (x-1)}{(x+1) \cdot (x-1)} = \frac{4x}{x^2-1}$ $\quad \mid \cdot$ HN

$(x+1) \cdot (x+1) - (x-1) \cdot (x-1) = 4x$

$x^2 + 2x + 1 - (x^2 - 2x + 1) = 4x \qquad \mid$ zf.

$\qquad\qquad\qquad\qquad 4x = 4x \qquad \mid -4x$

$\qquad\qquad\qquad\qquad\quad 0 = 0 \implies L = D$

b) $\frac{12}{(x-2) \cdot (x+3)} = \frac{2}{x-2} - \frac{3}{x+3}$ $\qquad \mid$ erw. auf HN $= (x-2) \cdot (x+3)$; $D = \mathbb{R} \setminus \{-3; 2\}$

$\frac{12}{(x-2) \cdot (x+3)} = \frac{2 \cdot (x+3)}{(x-2) \cdot (x+3)} - \frac{3 \cdot (x-2)}{(x-2) \cdot (x+3)}$ $\quad \mid \cdot$ HN

$\qquad 12 = 2 \cdot (x+3) - 3 \cdot (x-2)$

$\qquad 12 = 2x + 6 - 3x + 6 \qquad\qquad \mid$ zf.

$\qquad 12 = -x + 12 \qquad\qquad\qquad \mid -12$

$\qquad\; 0 = -x$

$\qquad\; x = 0 \in D \implies L = \{0\}$

c) $\frac{2x}{x-4} - \frac{3x-5}{3x-12} = \frac{x^2-9}{x^2-16}$ $\mid$ erw. auf HN $= 3 \cdot (x-4) \cdot (x+4)$; $D = \mathbb{R} \setminus \{\pm 4\}$

$\frac{2x \cdot (x+4) \cdot 3}{3 \cdot (x-4) \cdot (x+4)} - \frac{(3x-5) \cdot (x+4)}{3 \cdot (x-4) \cdot (x+4)} = \frac{(x^2-9) \cdot 3}{3 \cdot (x-4) \cdot (x+4)}$ $\quad \mid \cdot$ HN

$6x \cdot (x+4) - (3x-5) \cdot (x+4) = (x^2-9) \cdot 3$

$6x^2 - 24x - 3x^2 - 7x + 20 = 3x^2 - 27 \qquad \mid$ zf.

$\qquad\quad 3x^2 - 31x + 20 = 3x^2 - 27 \qquad \mid -3x^2 - 20$

$\qquad\qquad\qquad -31x = -47 \qquad\qquad \mid : (-31)$

$\qquad\qquad\qquad\qquad x = \frac{47}{31} \in D \implies L = \left\{\frac{47}{31}\right\}$

d) $\qquad 1 - \dfrac{x+6}{2x-4} = \dfrac{0{,}5\,x^2}{x^2-4x+4} \qquad |\,\text{HN: } 2\cdot(x-2)\cdot(x-2); \ D = \mathbb{R}\setminus\{2\}$

$$\dfrac{1\cdot 2\cdot(x-2)\cdot(x-2)}{2\cdot(x-2)\cdot(x-2)} - \dfrac{(x+6)\cdot(x-2)}{2\cdot(x-2)\cdot(x-2)} = \dfrac{0{,}5\,x^2\cdot 2}{2\cdot(x-2)\cdot(x-2)} \qquad |\cdot\text{HN}$$

$$
\begin{aligned}
2\cdot(x-2)\cdot(x-2) - (x+6)\cdot(x-2) &= x^2 \\
2x^2 - 8x + 8 - x^2 - 4x + 12 &= x^2 \qquad |\,\text{zf.}\\
x^2 - 12x + 20 &= x^2 \qquad |-x^2 + 12x\\
20 &= 12x \qquad |:12\\
\tfrac{5}{3} = x \in D &\Rightarrow L = \left\{\tfrac{5}{3}\right\}
\end{aligned}
$$

Fehler-Check

1 a) $D = \mathbb{R}\setminus\{0\}; \ L = \{0{,}5\}$ b) $D = \mathbb{R}\setminus\{0\}; \ L = \{2\}$
    c) $D = \mathbb{R}\setminus\{4\}; \ L = \{10\}$ d) $D = \mathbb{R}\setminus\{-1\}; \ L = \{3\}$

2 a) $\qquad \dfrac{1}{2x} = \dfrac{5}{3x+12} \qquad |\,D = \mathbb{R}\setminus\{-4;\,0\}$ b) $\qquad \dfrac{6}{2x-3} = \dfrac{2}{4+x} \qquad |\,D = \mathbb{R}\setminus\{-4;\,1{,}5\}$

$$
\begin{aligned}
3x + 12 &= 10x \qquad |-3x & 6\cdot(4+x) &= 2\cdot(2x-3) \\
12 &= 7x \qquad |:7 & 24 + 6x &= 4x - 6 \qquad |-24 - 4x\\
\tfrac{12}{7} = x \in D \quad & L = \left\{\tfrac{12}{7}\right\} & 2x &= -30 \qquad |:2\\
& & x &= -15 \in D \ \Rightarrow L = \{-15\}
\end{aligned}
$$

c) $\qquad \dfrac{x}{x-2} = \dfrac{4}{7} \qquad |\,D = \mathbb{R}\setminus\{2\}$

$$
\begin{aligned}
x\cdot 7 &= 4\cdot(x-2)\\
7x &= 4x - 8 \qquad |-4x\\
3x &= -8 \qquad |:3\\
x &= -\tfrac{8}{3} \in D \ \Rightarrow L = \left\{-\tfrac{8}{3}\right\}
\end{aligned}
$$

d) $\qquad \dfrac{3x+5}{2x+6} = \dfrac{4{,}5x+2}{3x-6} \qquad |\,D = \mathbb{R}\setminus\{-3;\,2\}$

$$
\begin{aligned}
(3x+5)\cdot(3x-6) &= (4{,}5x+2)\cdot(2x+6)\\
9x^2 - 3x - 30 &= 9x^2 + 31x + 12 \qquad |-9x^2 + 3x - 12\\
-42 &= 34x \qquad |:34\\
-\tfrac{21}{17} = x \in D &\Rightarrow L = \left\{-\tfrac{21}{17}\right\}
\end{aligned}
$$

3 a) $\dfrac{5}{4x} = 10 \qquad |\cdot 4x; \ D = \mathbb{R}\setminus\{0\}$ b) $\dfrac{x+6}{x-5} = \dfrac{11}{x-5} \qquad |\cdot(x-5); \ D = \mathbb{R}\setminus\{5\}$

$$
\begin{aligned}
5 &= 40x \quad |:40 & x + 6 &= 11 \qquad |-6\\
\tfrac{1}{8} = x \in D &\Rightarrow L = \left\{\tfrac{1}{8}\right\} & x &= 5 \notin D \ \Rightarrow L = \{\ \}
\end{aligned}
$$

c) $\qquad \dfrac{3}{x+2} - 1 = \dfrac{2}{x-1} - \dfrac{x^2}{(x+2)\cdot(x-1)} \qquad |\,\text{HN: } (x+2)\cdot(x-1); \ D = \mathbb{R}\setminus\{-2;\,1\}$

$$\dfrac{3\cdot(x-1)}{(x+2)\cdot(x-1)} - \dfrac{1\cdot(x+2)\cdot(x-1)}{(x+2)\cdot(x-1)} = \dfrac{2\cdot(x+2)}{(x+2)\cdot(x-1)} - \dfrac{x^2}{(x+2)\cdot(x-1)} \qquad |\cdot\text{HN}$$

$$
\begin{aligned}
3\cdot(x-1) - (x+2)\cdot(x-1) &= 2\cdot(x+2) - x^2\\
3x - 3 - x^2 - x + 2 &= 2x + 4 - x^2 \qquad |\,\text{zf.}\\
2x - 1 - x^2 &= 2x + 4 - x^2 \qquad |+x^2 - 2x\\
-1 &= 4; \ \text{keine Lösung} \ \Rightarrow L = \{\ \}
\end{aligned}
$$

Kapitel 4: Textgleichungen richtig lösen

1 a) $3x + 6 = 8$ $\quad | -6$
$\qquad 3x - 2$ $\quad | :3$
$\qquad x = \frac{2}{3}$

b) $12 - 2x = 18$ $\quad | -12$
$\qquad -2x = 6$ $\quad | :(-2)$
$\qquad x = -3$

c) $(x + 3) \cdot 3 = x + 16$
$\qquad 3x + 9 = x + 16$ $\quad | -9 - x$
$\qquad 2x = 7$ $\quad | :2$
$\qquad x = 3,5$

d) $(x + 12) : 4 = 21$ $\quad | \cdot 4$
$\qquad x + 12 = 84$ $\quad | -12$
$\qquad x = 72$

e) $\qquad \frac{x}{3} + \frac{x}{4} = \frac{x}{8} + 22$ $\quad | -\frac{x}{8}$

$\qquad \frac{x}{3} + \frac{x}{4} - \frac{x}{8} = 22$ $\quad | $ erw. auf HN $= 24$

$\qquad \frac{8x}{24} + \frac{6x}{24} - \frac{3x}{24} = 22$

$\qquad \frac{11x}{24} = 22$ $\quad | \cdot \frac{24}{11}$

$\qquad x = 48$

2 a)

	Georg	Hermann
heute	x	3x
vor 6 Jahren	x − 6	3x − 6

$3x = 6 \cdot (x - 6)$
$3x = 6x - 36$ $\quad | -6x$
$-3x = -36$ $\quad | :(-3)$
$x = 12$

Georg ist heute 12, sein Vater Hermann 36 Jahre alt.

b)

	Bi	Fr. Nom
heute	x	3x
vor 6 Jahren	x − 6	3x − 6

$3x - 6 = 7 \cdot (x - 6)$
$3x - 6 = 7x - 42$ $\quad | -3x + 42$
$36 = 4x$ $\quad | :4$
$9 = x$

Bi Nom ist heute 9, seine Mutter 27 Jahre alt.

c)

	Sohn	Hr. Herb
heute	x	98 − x
vor 5 Jahren	x − 5	93 − x

$3 \cdot (x - 5) = 93 - x$
$3x - 15 = 93 - x$ $\quad | +x + 15$
$4x = 108$ $\quad | :4$
$x = 27$

Der Sohn ist heute 27, der Vater 71 Jahre alt.

d)

Christian	Berta	Anton	Vater
x	x + 6	2x	50

$x + x + 6 + 2x = 50$ $\quad | -6$
$4x = 44$ $\quad | :4$
$x = 11$

Anton: 22 Jahre; Berta: 17 Jahre; Christian: 11 Jahre

3 a)

	935er	800er	835er
Mischung	x g	(300 − x)	300 g
Silber	0,935 · x	0,8 · (300 − x)	0,835 · 300 = 250,5 g

$$0{,}935\,x + 0{,}8 \cdot (300 - x) = 250{,}5 \quad |\cdot 1000$$
$$935\,x + 800 \cdot (300 - x) = 250\,500$$
$$935\,x + 240\,000 - 800\,x = 250\,500 \quad |-240\,000$$
$$135\,x = 10\,500 \quad |:135$$
$$x \approx 77{,}8$$

Man braucht 77,8 g 935er-Silber.

b)

	10%ige	80%ige	30%ige
Mischung	x l	3 l	(3 + x) l
Säure	0,1 · x	0,8 · 3 = 2,4 l	0,3 · (3 + x)

$$0{,}1x + 2{,}4 = 0{,}3 \cdot (3 + x) \quad |\cdot 10$$
$$x + 24 = 3 \cdot (3 + x)$$
$$x + 24 = 9 + 3x \quad |-x - 9$$
$$15 = 2x$$
$$7{,}5 = x$$

Man braucht 7,5 l 10%ige Schwefelsäure.

c)

	15%iger	11%iger	13%iger
Mischung	x l	(25 − x) l	25 l
Alkohol	0,15 · x l	0,11 · (25 − x) l	0,13 · 25 = 3,25

$$0{,}15x + 0{,}11 \cdot (25 - x) = 3{,}25 \quad |\cdot 100$$
$$15x + 11 \cdot (25 - x) = 325$$
$$15x + 275 - 11x = 325 \quad |-275$$
$$4x = 50 \quad |:4$$
$$x = 12{,}5$$

Man braucht 12,5 l 15%igen Alkohol.

Fehler-Check

❶ a) $2x - 4 = 8 \quad |+4$
$2x = 12 \quad |:2$
$x = 6$

b) $8x + 96 = 42 - x \quad |+x - 96$
$9x = -54 \quad |:9$
$x = -6$

c) $(x + 3) \cdot 6 - 7 = 47 \quad |+7$
$6x + 18 = 54 \quad |-18$
$6x = 36 \quad |:6$
$x = 6$

❷ a) $2 \cdot (x + 5) = 55$
$2x + 10 = 55 \quad |-10$
$2x = 45 \quad |:2$
$x = 22{,}5$

b)

	Petra	Mutter
heute	x	8x
in 3 Jahren	x + 3	8x + 3

$$8x + 3 = 5 \cdot (x + 3)$$
$$8x + 3 = 5x + 15 \quad |-3 - 5x$$
$$3x = 12 \quad |:3$$
$$x = 4$$

Petra: 4 Jahre; Mutter 32 Jahre

c)

	Mehmet	Ahmed
heute	x	3x
vor 7 Jahren	x − 7	3x − 7

$$x - 7 + 3x - 7 = 70 \quad |+14$$
$$4x = 84 \quad |:4$$
$$x = 21$$

Mehmet: 21 Jahre; Ahmed: 63 Jahre

③ a)

	20%ige	80%ige	30%ige
Mischung	x l	(8 − x) l	8 l
Säure	0,2 · x	0,8 · (8 − x)	0,3 · 8 = 2,4 l

$$0,2x + 0,8 \cdot (8 - x) = 2,4 \quad |\cdot 10$$
$$2x + 8 \cdot (8 - x) = 24$$
$$2x + 64 - 8x = 24 \quad |-64$$
$$-6x = -40 \quad |:(-6)$$
$$x = 6\tfrac{2}{3}$$

Man benötigt $6\tfrac{2}{3}$ l 20%ige und $1\tfrac{1}{3}$ 80%ige Säure.

b)

	60%ige	40%ige	x%ige
Mischung	8 l	2 l	10 l
Säure	0,6 · 8 = 4,8 l	0,4 · 2 = 0,8 l	$\frac{x}{100} \cdot 10 = 0,1x$

$$4,8 + 0,8 = 0,1 \cdot x$$
$$5,6 = 0,1 \cdot x \quad |\cdot 10$$
$$56 = x$$

Die Mischung wäre 56%ig.

Kapitel 5: Gleichungen mit Formvariablen lösen

❶ a) ⊠ L = {2a}   **b)** ⊠ L = {3 − 2a}   **c)** ⊠ L = {2 − k}   **d)** ⊠ L = {4 − 3t}

❷ a) ⊠ $L = \left\{\tfrac{1}{2}\right\}$; ⊠ L = ℚ   **b)** ⊠ $L = \left\{\tfrac{1}{k} + 1\right\}$; ⊠ L = { }

c) ⊠ L = {5}; ⊠ L = ℚ   **d)** ⊠ $L = \left\{3 - \tfrac{2}{a}\right\}$; ⊠ L = { }

❸ a) ax = 2a − 3

1. Fall: a ≠ 0	2. Fall: a = 0
ax = 2a − 3 |:a	0 · x = 2 · 0 − 3
$x = 2 - \tfrac{3}{a}$	0 = −3
$L = \left\{2 - \tfrac{3}{a}\right\}$ für a ≠ 0	Widerspruch ⇒ L = { }

b) 3 · (a + 2x) = −a · (2 − x)
3a + 6x = −2a + ax
6x − ax = −5a
x · (6 − a) = −5a

1. Fall: (6 − a) ≠ 0; a ≠ 6	2. Fall: (6 − a) = 0; a = 6
x · (6 − a) = −5a |:(6 − a)	x · 0 = −5 · 6
$x = \frac{-5a}{6 - a}$	0 = −30
$L = \left\{\frac{-5a}{6 - a}\right\}$ für a ≠ 6	Widerspruch ⇒ L = { }

c) $\frac{1}{2} \cdot (4x - 6a) = 2a \cdot (5x + 1) + 2x$ | 1. Fall: $a \neq 0$ | 2. Fall: $a = 0$

Seite 46

$$2x - 3a = 10ax + 2a + 2x$$
$$-5a = 10ax$$

1. Fall: $a \neq 0$
$-5a = 10ax$ $|:10a$
$-\frac{1}{2} = x$
$L = \left\{-\frac{1}{2}\right\}$ für $a \neq 0$

2. Fall: $a = 0$
$-5 \cdot 0 = 10 \cdot 0 \cdot x$
$0 = 0$
$L = \mathbb{R}$

d) $a^2 \cdot x + 16x = 7$ $|x$ auskl.
$x \cdot (a^2 + 16) = 7$ $|:(a^2 + 16)$, da $(a^2 + 16) > 16$ ist $(a^2 + 16) > 0$
(also keine Fallunterscheidung!)
$$x = \frac{7}{a^2 + 16}$$
$$L = \left\{\frac{7}{a^2 + 16}\right\}$$

4   a) $\frac{1}{x + k} = 5$ $| \cdot (x + k)$; $D = \mathbb{R} \setminus \{-k\}$; $1 = 5x + 5k \Leftrightarrow 1 - 5k = 5x \Leftrightarrow \frac{1}{5} - k = x$ (*)

Seite 47

Da x nie gleich $-k$ werden darf, prüft man: $\frac{1}{5} - k = -k \Leftrightarrow \frac{1}{5} = 0 \Rightarrow$ keine
weitere Einschränkung.
Es gilt also: $L = \left\{\frac{1}{5} - k\right\}$

b) $\frac{a+1}{x} - a = 0$ $|+a$; $D = \mathbb{R} \setminus \{0\}$; $\frac{a+1}{x} = a \Leftrightarrow a + 1 = ax$

1. Fall: $a \neq 0$; $1 + \frac{1}{a} = x \Rightarrow 1 + \frac{1}{a} = 0 \Leftrightarrow 1 = -\frac{1}{a} \Leftrightarrow a = -1$

Für $a = -1$ wäre $x = 0 \Rightarrow L = \left\{1 + \frac{1}{a}\right\}$ für $a \neq 0$ und $a \neq -1$

2. Fall: $a = 0$; $0 + 1 = 0 \Leftrightarrow 1 = 0$; Widerspruch $\Rightarrow L = \{\ \}$ für $a = 0$

Zusammenfassung: $L = \left\{1 + \frac{1}{a}\right\}$ für $a \neq 0$; $a \neq -1$; $L = \{\ \}$ für $a = 0$; $a = -1$

c) $\frac{a}{x - 3} = \frac{-2}{x + 2}$; $D = \mathbb{R} \setminus \{-2, 3\}$
$a \cdot (x + 2) = -2 \cdot (x - 3) \Leftrightarrow ax + 2a = -2x + 6 \Leftrightarrow ax + 2x = 6 - 2a$
$\Leftrightarrow x \cdot (a + 2) = 6 - 2a$
1. Fall: $(a + 2) \neq 0$; $a \neq -2$; $x = \frac{6 - 2a}{a + 2}$
Die Probe $\frac{6 - 2a}{a + 2} = -2$ liefert kein Ergebnis, $\frac{6 - 2a}{a + 2} = 3$ den Wert $a = 0$.
Die Lösung $L = \left\{\frac{6 - 2a}{a + 2}\right\}$ gilt also nur für $a \neq -2$; $a \neq 0$
2. Fall: $(a + 2) = 0$; $a = -2$; $0 = 10 \Rightarrow L = \{\ \}$ für $a = -2$
Zusammenfassung: $L = \left\{\frac{6 - 2a}{a + 2}\right\}$ für $a \neq -2$; $a \neq 0$; $L = \{\ \}$ für $a = -2$; $a = 0$

Fehler-Check

1   a) $a^2 x + 3 = 5$ $|-3 \Leftrightarrow a^2 x = 2$
    1. Fall: $a^2 \neq 0$; $a \neq 0$; $x = \frac{2}{a^2}$; $L = \left\{\frac{2}{a^2}\right\}$ für $a \neq 0$

    2. Fall: $a^2 = 0$; $a = 0$; $0 = 2$; $L = \{\ \}$ für $a = 0$
b) $a^2 \cdot x + 4x = 28 \Leftrightarrow x \cdot (a^2 + 4) = 28$ $|:(a^2 + 4)$; da $(a^2 + 4) > 0$ für alle a
    $x = \frac{28}{a^2 + 4}$; $L = \left\{\frac{28}{a^2 + 4}\right\}$

---

*   Wir schreiben hier die Äquivalenzumformungen mithilfe von Äquivalenzpfeilen ($\Leftrightarrow$) aus Platzgründen hintereinander. Schreibe im Heft aber lieber weiterhin untereinander, da diese Schreibweise übersichtlicher ist und hilft, Umformungsfehler zu vermeiden.

Seite 47

2 a) $3ax - 7 = 0 \ |+7 \Leftrightarrow 3ax = 7$

1. Fall: $a \neq 0$; $x = \frac{7}{3a}$; $L = \left\{\frac{7}{3a}\right\}$ für $a \neq 0$

2. Fall: $a = 0$; $0 = 7$; $L = \{ \ \}$ für $a = 0$

b) $ax + 4x = 8 \Leftrightarrow x \cdot (a + 4) = 8$

1. Fall: $a \neq -4$; $x = \frac{8}{a+4}$; $L = \left\{\frac{8}{a+4}\right\}$ für $a \neq -4$

2. Fall: $a = -4$; $0 = 8$; $L = \{ \ \}$ für $a = -4$

c) $3 - kx = k - 2x \Leftrightarrow 2x - kx = k - 3 \Leftrightarrow x \cdot (2 - k) = k - 3$

1. Fall: $k \neq 2$; $x = \frac{k-3}{2-k}$; $L = \left\{\frac{k-3}{2-k}\right\}$ für $k \neq 2$

2. Fall: $k = 2$; $0 = -1$; $L = \{ \ \}$ für $k = 2$

d) $2ax = 6x - 10a \Leftrightarrow 2ax - 6x = -10a \Leftrightarrow x \cdot (2a - 6) = -10a$

1. Fall: $a \neq 3$; $x = \frac{-10a}{2a-6} = \frac{-5a}{a-3}$; $L = \left\{\frac{-5a}{a-3}\right\}$ für $a \neq 3$

2. Fall: $a = 3$; $0 = -30$; $L = \{ \ \}$ für $a = 3$

e) $3 - ax - 2 = 3 - 2a \Leftrightarrow 1 - ax = 3 - 2a \Leftrightarrow -ax = 2 - 2a$

1. Fall: $a \neq 0$; $x = -\frac{2}{a} + 2$; $L = \left\{-\frac{2}{a} + 2\right\}$ für $a \neq 0$

2. Fall: $a = 0$; $0 = 2$; $L = \{ \ \}$ für $a = 0$

f) $(a^2 - 4) \cdot x = 6$

1. Fall: $(a^2 - 4) \neq 0$; $a \neq \pm 2$; $x = \frac{6}{a^2 - 4}$; $L = \left\{\frac{6}{a^2 - 4}\right\}$ für $a \neq \pm 2$

2. Fall: $a = \pm 2$; $0 = 6$; $L = \{ \ \}$ für $a = \pm 2$

3 a) $\frac{2}{a+x} = 3 \quad |\cdot (a + x); \ D = \mathbb{Q}\backslash\{-a\}$

$2 = 3a + 3x \Leftrightarrow 2 - 3a = 3x \Leftrightarrow \frac{2}{3} - a = x; \ \frac{2}{3} - a = -a \Leftrightarrow \frac{2}{3} = 0$

$\Rightarrow$ keine Einschränkung $\Rightarrow L = \left\{\frac{2}{3} - a\right\}$

b) $\frac{x}{x+a} = \frac{x^2 + a}{x^2 + 2ax + a^2}$ | Erw. auf HN $= (x + a) \cdot (x + a)$; $D = \mathbb{Q}\backslash\{-a\}$

$\Leftrightarrow \frac{x \cdot (x + a)}{(x + a) \cdot (x + a)} = \frac{x^2 + a}{(x + a) \cdot (x + a)}$

$\Leftrightarrow x \cdot (x + a) = x^2 + a \Leftrightarrow x^2 + ax = x^2 + a \Leftrightarrow ax = a$

1. Fall: $a \neq 0$; $x = \frac{a}{a} = 1$; $L = \{1\}$ für $a \neq 0$

2. Fall: $a = 0$; $0 = 0$; $L = D = \mathbb{Q}\backslash\{-a\}$

c) $\frac{3x - 2}{3x - 12a} = \frac{2x - a}{x - 4a}$ | erw. auf HN

$\Leftrightarrow \frac{3x - 2}{3x - 12a} = \frac{(2x - a) \cdot 3}{(x - 4a) \cdot 3}$ | $\cdot$ HN; $D = \mathbb{Q}\backslash\{4a\}$

$\Leftrightarrow 3x - 2 = 6x - 3a$ | $-3x + 3a$

$\Leftrightarrow 3a - 2 = 3x$ | $:3$

$\Leftrightarrow a - \frac{2}{3} = x$

Vergleich mit D: $a - \frac{2}{3} = 4a \Leftrightarrow -\frac{2}{3} = 3a \Leftrightarrow -\frac{2}{9} = a$

Für $a = -\frac{2}{9}$ wäre $x = 4a \Leftrightarrow L = \left\{a - \frac{2}{3}\right\}$ für $a \neq -\frac{2}{9}$; $L = \{ \ \}$ für $a = -\frac{2}{9}$

Kapitel 6: Lösungsmöglichkeiten für Gleichungssysteme

Mit Stift und Geodreieck: Die zeichnerische Lösung

❶ a) $P_1(3|5)$ $P_3(-2|0)$ $P_5(6|8)$ b) $P_2(1|1)$ $P_4(-1|5)$
Seite 50
   c) $P_1(2|2)$ $P_3(6|0)$ $P_4(0|3)$

❷ a)

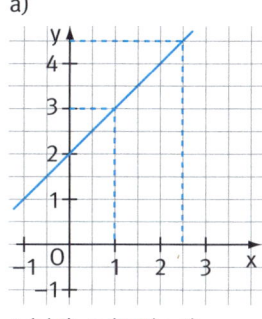

b)

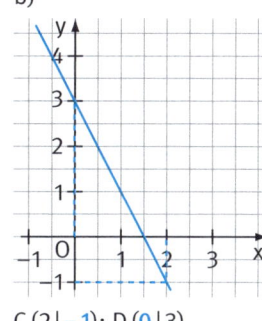

c)

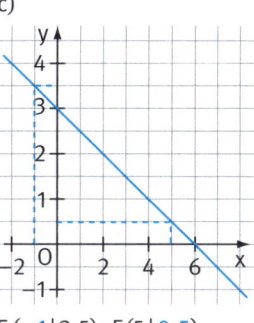

$A(1|3)$; $B(2,5|4,5)$

$C(2|-1)$; $D(0|3)$

$E(-1|3,5)$; $F(5|0,5)$

❸ a)

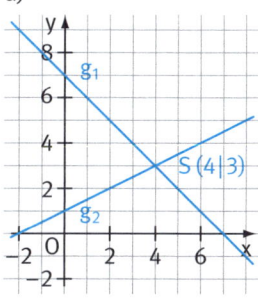

b)

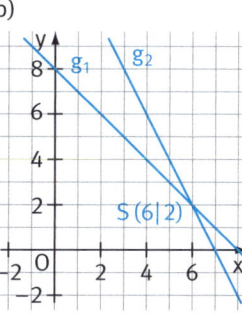

c)

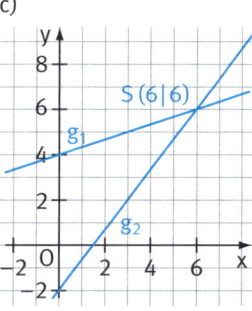

❹ a)

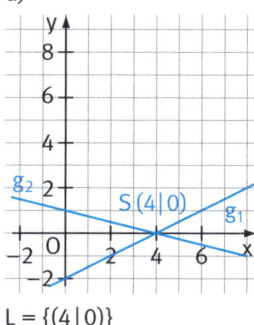

b)

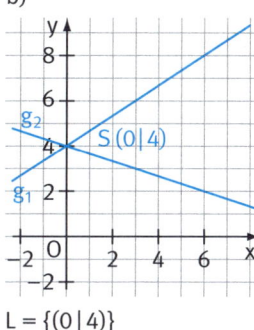

c)

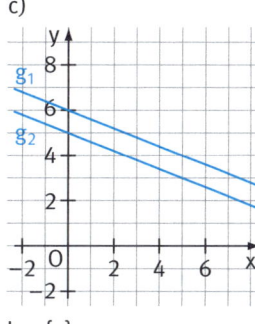

$L=\{(4|0)\}$

$L=\{(0|4)\}$

$L=\{\ \}$

Lösungen

⑤ Bei Teilaufgabe b) ist der Achsenabschnitt der beiden Geradengleichungen gleich, die Geraden schneiden sich also in S (0 | 4). Bei Teilaufgabe c) ist die Steigung identisch, der Achsenabschnitt unterschiedlich, die Geraden sind also sicher parallel.

Fehler-Check

❶ a) $P_1(0|3)$, $P_2(1,5|0)$, $P_3(1|1)$, $P_4(-1|5)$, $P_6(-0,5|4)$

b) $P_1(0|4,5)$, $P_2\left(\frac{9}{4}\middle|0\right)$, $P_3(1|2,5)$, $P_4\left(-\frac{1}{4}\middle|5\right)$, $P_6(-0,5|5,5)$

c) $P_1(0|12)$, $P_2(-24|0)$, $P_3(1|12,5)$, $P_4(-14|5)$, $P_6(-0,5|11,75)$

❷ individuelle Lösung, z.B.: a) $\begin{vmatrix} ① & x + y = 2 \\ ② & 2x - y = 1 \end{vmatrix}$ b) $\begin{vmatrix} ① & x + y = 1 \\ ② & x - y = 3 \end{vmatrix}$

❸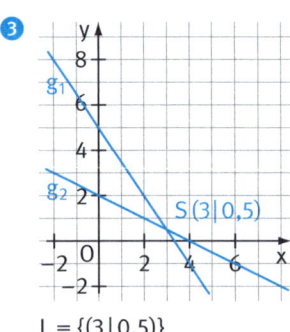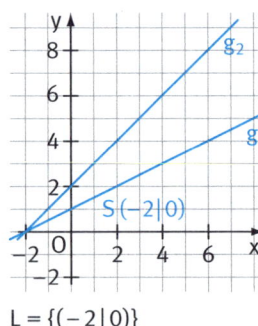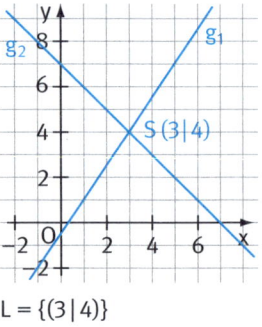

$L = \{(3|0,5)\}$ $\qquad$ $L = \{(-2|0)\}$ $\qquad$ $L = \{(3|4)\}$

Einsetzungs- und Gleichsetzungsverfahren richtig anwenden

❶ siehe rechts

❷ a) $\begin{vmatrix} ① & y = -2x - 1 \\ ② & y = 5x - 8 \end{vmatrix}$ ① und ② gleichsetzen:

$-2x - 1 = 5x - 8 \Leftrightarrow 7 = 7x \Leftrightarrow 1 = x$

in ②: $y = 5 - 8 \Leftrightarrow y = -3$

Probe ①: $-3 = -2 \cdot 1 - 1 \Leftrightarrow -3 = -3$ ✓

Probe ②: $-3 = 5 \cdot 1 - 8 \Leftrightarrow -3 = -3$ ✓ $\Rightarrow L = \{(1|-3)\}$

b) $L = \{(6|2)\}$ $\qquad$ c) $L = \{(5|6)\}$ $\qquad$ d) $L = \{(-9|8)\}$

e) $L = \{(-6|-7)\}$ $\qquad$ f) $L = \{(2|1)\}$

❸ a) $\begin{vmatrix} ① & y = 5x - 6 \\ ② & 7x + 7y = 42 \end{vmatrix}$; ① in ②: $7x + 7 \cdot (5x - 6) = 42 \Leftrightarrow x = 2$; in ①: $y = 4$

Probe ①: $4 = 4$ ✓; Probe ②: $42 = 42$ ✓ $\Rightarrow L = \{(2|4)\}$

b) $L = \{(4|8)\}$ $\qquad$ c) $L = \{(8|-3)\}$ $\qquad$ d) $L = \{(3|3)\}$

e) $L = \{(-8|8)\}$ $\qquad$ f) $L = \{(-4|-0,7)\}$

4 a) $\begin{vmatrix} ① & -6x + 2y = -18 \\ ② & 36x + 4y = 60 \end{vmatrix} | +6 \;\Leftrightarrow\; \begin{vmatrix} ① & 2y = -18 + 6x \\ ② & 36x + 4y = 60 \end{vmatrix}$

Seite 54

① in ②: $36x + 2 \cdot (-18 + 6x) = 60 \Leftrightarrow x = 2$; in ①: $y = -3$

Probe ①: $-18 = -18$ ✓; Probe ②: $60 = 60$ ✓ $\Rightarrow L = \{(2 \,|\, -3)\}$

b) $L = \{(3 \,|\, -1)\}$ c) $L = \{(1 \,|\, -2)\}$

5 a) $\begin{vmatrix} ① & 4x - 3y = 16 \\ ② & 5y - 2x = 29 \end{vmatrix} | -5y$

Seite 55

$\begin{vmatrix} ① & 4x - 3y = 16 \\ & \underline{2x = 29 - 5y} \end{vmatrix}$

② in ①:

$\underline{4} \cdot (29 - 5y) = 16$

$116 - 20y = 16 | -116$

$-20y = \underline{100} \quad | : (-20)$

$y = -5$

$x = \underline{2}$

$L = \{(2 \,|\, -5)\}$

b) $\begin{vmatrix} ① & 2x + 4y = 12 \\ ② & 2x + 2y = 8 \end{vmatrix} | -2x$

$\begin{vmatrix} ① & 2x + 4y = 12 \\ ② & 2y = 8 - 2x \end{vmatrix} \begin{array}{l} | -2x \\ | \cdot 2 \end{array}$

$\begin{vmatrix} ① & 4y = 12 - 2x \\ ② & 4y = \underline{8 - 2x} \end{vmatrix}$

② und ① gleichsetzen:

$12 - 2x = 8 - 2x \quad | +2x$

$12 = 8$

$L = \{(x \,|\, y) \,|\, y = 4 - 2x\}$

Fehler-Check

1 a) $\begin{vmatrix} ① & 4x + y = 28 \\ ② & 6x + y = 40 \end{vmatrix} \begin{array}{l} | -4x \\ | -6x \end{array} \Leftrightarrow \begin{vmatrix} ① & y = 28 - 4x \\ ② & y = 40 - 6x \end{vmatrix}$

$28 - 4x = 40 - 6x \Leftrightarrow x = 6$; in ①: $y = 4$

Probe ①: $28 = 28$ ✓; Probe ②: $40 = 40$ ✓ $\Rightarrow L\{(6 \,|\, 4)\}$

b) $\begin{vmatrix} ① & x + y = 5 \\ ② & 8x + 9y = 43 \end{vmatrix} | -y \Leftrightarrow \begin{vmatrix} ① & x = 5 - y \\ ② & 8x + 9y = 43 \end{vmatrix}$ ① in ② einsetzen

$8 \cdot (5 - y) + 9y = 43 \Leftrightarrow y = 3$; in ①: $x = 2$

Probe ①: $5 = 5$ ✓; Probe ②: $43 = 43$ ✓ $\Rightarrow L\{(2 \,|\, 3)\}$

2 a) $\begin{vmatrix} ① & 4x - 3y = 16 \\ ② & 5y - 2x = 29 \end{vmatrix} | +2x - 29 \Leftrightarrow \begin{vmatrix} ① & 4x - 3y = 16 \\ ② & 5y - 29 = 2x \end{vmatrix}$

② in ①: $2 \cdot (5y - 29) - 3y = 16 \Leftrightarrow y = \frac{74}{7}$; in ②: $x = \frac{167}{14}$

Probe ①: $16 = 16$ ✓; Probe ②: $29 = 29$ ✓ $\Rightarrow L = \left\{ \left(\frac{167}{14} \,\middle|\, \frac{74}{7} \right) \right\}$

b) $\begin{vmatrix} ① & 2x + 4y = 12 \\ ② & 2x + 2y = 8 \end{vmatrix} \begin{array}{l} | -4y \\ | -2y \end{array} \Leftrightarrow \begin{vmatrix} ① & 2x = 12 - 4y \\ ② & 2x = 8 - 2y \end{vmatrix}$

$12 - 4y = 8 - 2y \Leftrightarrow y = 2$; in ②: $x = 2$

Probe ①: $12 = 12$ ✓; Probe ②: $8 = 8$ ✓ $\Rightarrow L = \{(2 \,|\, 2)\}$

3 a) $\begin{vmatrix} ① & 6x + 2 = 2y \\ ② & 15x + 10y = 5 \end{vmatrix}$; ① in ②: $15x + 5 \cdot (6x + 2) = 5 \Leftrightarrow x = -\frac{1}{9}$; in ①: $y = \frac{2}{3}$

Probe 1: $\frac{4}{3} = \frac{4}{3}$ ✓; Probe ②: $5 = 5$ ✓ $\Rightarrow L = \left\{ \left(-\frac{1}{9} \,\middle|\, \frac{2}{3} \right) \right\}$

Seite 54

b) $\begin{vmatrix} ① & -4x + y = 13 \\ ② & 4y = 16x - 24 \end{vmatrix} \; \Big| +4x \quad \Leftrightarrow \quad \begin{vmatrix} ① & y = 13 + 4x \\ ② & 4y = 16x - 24 \end{vmatrix}$

$4 \cdot (13 + 4x) = 16x - 24 \Leftrightarrow 52 + 16x = 16x - 24 \Leftrightarrow 52 = -24$

Widerspruch! $\Rightarrow \mathbb{L} = \{\ \}$

c) $\begin{vmatrix} ① & -3x + 5y = 18 \\ ② & 6x - 10y = -36 \end{vmatrix} \; \Big| +3x \quad \Leftrightarrow \quad \begin{vmatrix} ① & 5y = 18 + 3x \\ ② & 6x - 10y = -36 \end{vmatrix}$

① in ②: $6x - 2 \cdot (18 + 3x) = -36 \Leftrightarrow 6x - 36 - 6x = -36 \Leftrightarrow -36 = -36$

allgemein gültig $\Rightarrow \mathbb{L} = \left\{ (x \mid y) \mid y = \frac{18}{5} + \frac{3}{5}x \right\}$

d) $\begin{vmatrix} ① & 2 \cdot (x - y) + 5y = -4 \\ ② & 6x + 8y = 12 \end{vmatrix} \Leftrightarrow \begin{vmatrix} ① & 2x + 3y = -4 \\ ② & 6x + 8y = 12 \end{vmatrix} \Big| -3y \Leftrightarrow \begin{vmatrix} ① & 2x = -4 - 3y \\ ② & 6x + 8y = 12 \end{vmatrix}$

① in ②: $3 \cdot (-4 - 3y) + 8y = 12 \Leftrightarrow -12 - y = 12 \Leftrightarrow y = -24$; in ①: $x = 34$

Probe ①: $-4 = -4$ ✓; Probe ②: $12 = 12$ ✓ $\Rightarrow \mathbb{L} = \{ (34 \mid -24) \}$

Aus zwei mach eins: Das Additionsverfahren

Seite 57

❶ a) $\begin{vmatrix} ① & x - 5y = -1 \\ ② & -x + 2y = -5 \end{vmatrix}$; ① + ②: $-3y = -6 \Leftrightarrow y = 2 \Leftrightarrow x = 9 \Rightarrow \mathbb{L} = \{(9 \mid 2)\}$

b) $\mathbb{L} = \{(8 \mid 9)\}$ c) $\mathbb{L} = \{(3 \mid 9)\}$ d) $\mathbb{L} = \left\{ \left(\frac{4}{3} \mid 1 \right) \right\}$

❷ a) $\mathbb{L} = \{(1 \mid -4)\}$ b) $\mathbb{L} = \{(-1 \mid 3)\}$ c) $\mathbb{L} = \{(5 \mid -6)\}$ d) $\mathbb{L} = \left\{ \left(\frac{3}{7} \mid \frac{4}{7} \right) \right\}$

Seite 58

❸ a) $\mathbb{L} = \{(7 \mid -5)\}$ b) $\mathbb{L} = \{(7 \mid 4)\}$ c) $\mathbb{L} = \{(-8 \mid 2)\}$ d) $\mathbb{L} = \{(-8 \mid 5)\}$

❹ ✳ $= 4$; ● $= 1$; ◆ $= 2$; ■ $= 6$

Seite 59

❺ a) $\begin{vmatrix} ① & 3x - y + 4z = 12 \\ ② & x - 2y + z = 5 \\ ③ & 6x - 4y + 3z = 16 \end{vmatrix} \Big| \cdot (-3)$

$\begin{vmatrix} ① & 3x - y + 4z = 12 \\ ② & 5y + z = -3 \\ ③ & 6x - 4y + 3z = 16 \end{vmatrix} \Big| \cdot (-2)$

$\begin{vmatrix} ① & -6x + 2y - 8z = -24 \\ ② & 5y + z = -3 \\ ③ & -2y - 5z = -8 \end{vmatrix} \Big| \cdot 2 \\ \Big| \cdot 5$

$\begin{vmatrix} ① & -6x + 2y - 8z = -24 \\ ② & 10y + 2z = -6 \\ ③ & -23z = -46 \end{vmatrix}$

aus ③: $-23z = -46 \Leftrightarrow z = 2$;
in ②: $y = -1$; in ①: $x = 1$
$\Rightarrow \mathbb{L} = \{(1 \mid -1 \mid 2)\}$

b) $\begin{vmatrix} ① & 5x - 3y - 3z = 7 \\ ② & 5x + 2y + 9z = 75 \\ ③ & -x - 3y + 5z = 67 \end{vmatrix}$

$\begin{vmatrix} ① & 5x - 3y - 3z = 7 \\ ② & 5y + 12z = 68 \\ ③ & -x - 3y + 5z = 67 \end{vmatrix} \Big| \cdot 5$

$\begin{vmatrix} ① & 5x - 3y - 3z = 7 \\ ② & 5y + 12z = 68 \\ ③ & -18y + 22z = 342 \end{vmatrix} \begin{array}{l} \Big| \cdot 18 \\ \Big| \cdot 5 \end{array}$

$\begin{vmatrix} ① & 5x - 3y - 3z = 7 \\ ② & 90y + 216z = 1224 \\ ③ & 326z = 2934 \end{vmatrix}$

aus ③: $326z = 2934 \Leftrightarrow z = 9$
in ②: $y = -8$; in ①: $x = 2$
$\Rightarrow \mathbb{L} = \{(2 \mid -8 \mid 9)\}$

Fehler-Check

❶ Beim Additionsverfahren werden die Gleichungen, wenn nötig, jeweils durch Multiplikation mit einer geeigneten Zahl ($\neq 0$) so verändert, dass durch anschließendes Addieren eine der Unbekannten wegfällt. Die entstandene lineare Gleichung mit einer Unbekannten wird gelöst und das Ergebnis in eine der ursprünglichen Gleichungen eingesetzt, um die zweite Unbekannte zu bestimmen.

❷ a) $\begin{vmatrix} ① & x + 2y = 6 \\ ② & x - y = -3 \end{vmatrix}$; $① - ②$: $3y = 9 \Leftrightarrow y = 3 \Leftrightarrow x = 0$ $L = \{(0\,|\,3)\}$

b) $L = \{(-9\,|\,-7)\}$ c) $L = \{(-2\,|\,1{,}5)\}$ d) $L = \{(3{,}8\,|\,2{,}2)\}$

❸ individuelle Lösungen, z. B. a) $\begin{vmatrix} ① & x - y = -1 \\ ② & x + y = 5 \end{vmatrix}$ b) $\begin{vmatrix} ① & x + y = 2 \\ ② & -x + y = 4 \end{vmatrix}$

Anwendungsaufgaben geschickt lösen

❶ a) Grundseite: x; Schenkel: $y = x + 4$ ①; Umfang: $x + 2y = 29$ ②

$\begin{vmatrix} ① & y = x + 4 \\ ② & x + 2y = 29 \end{vmatrix}$; Lösen mit Einsetzungsverfahren $\Rightarrow x = 7$; $y = 11$

Die Grundseite ist 7 cm lang, die Schenkel jeweils 11 cm.

b) Quadratseite: x; Höhe: $y = 2x$ ①; Summe aller Seiten: $8 \cdot x + 4y = 112$ ②

$\begin{vmatrix} ① & y = 2x \\ ② & 8x + 4y = 112 \end{vmatrix}$; mit Einsetzungsverfahren lösen $\Rightarrow x = 7$; $y = 14$

Die Grundseite des Quaders ist 7 cm lang, seine Höhe beträgt 14 cm.

c) siehe Skizze rechts; $\gamma = 2 \cdot \alpha$ ①; $\gamma + 2 \cdot \alpha = 180°$ ②

$\begin{vmatrix} ① & \gamma = 2 \cdot \alpha \\ ② & \gamma + 2 \cdot \alpha = 180° \end{vmatrix}$; mit Einsetzungsverfahren lösen

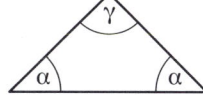

$\Rightarrow \alpha = 45°$; $\Rightarrow \gamma = 90°$

Die Basiswinkel haben 45°, der Winkel in der Spitze 90°.

❷ a) zurückgelegte Strecke: y; gelaufene Zeit: x;

1. Bruder $y = 4x$ ①; 2. Bruder $y = 5 \cdot (x - 0{,}5)$ ②

$\begin{vmatrix} ① & y = 4x \\ ② & y = 5(x - 0{,}5) \end{vmatrix}$; mit Gleichsetzungssverfahren lösen $\Rightarrow x = 2{,}5$; $y = 10$

Nach $2\frac{1}{2}$ Sunden, bzw. 10 km hat er ihn eingeholt.

b) Strecke: y; Zeit: x; Marc: $y = 24x$ ①; Deniz: $y = 36 \cdot \left(x - \frac{1}{12}\right)$ ②; $\left(\frac{5}{60} = \frac{1}{12}\right)$

$\begin{vmatrix} ① & y = 24x \\ ② & y = 36 \cdot \left(x - \frac{1}{12}\right) \end{vmatrix}$; mit Gleichsetzungssverfahren lösen $\Rightarrow x = \frac{1}{4}$; $y = 6$

Nach einer Viertelstunde und 6 km hat Deniz Marc eingeholt.

c) Strecke: y; Zeit: x; Fam. Müller: $y = 110 \cdot x$ ①; Fam. Becker: $y = 100 - 90x$ ②

$\begin{vmatrix} ① & y = 110x \\ ② & y = 100 - 90x \end{vmatrix}$; mit Gleichsetzungssverfahren lösen $\Rightarrow x = 0{,}5$; $y = 55$

Fam. Müller und Fam. Becker fahren nach einer halben Stunde aneinander vorbei. Fam. Müller ist dann schon 55 km gefahren, Fam. Becker muss noch 55 km fahren.

3 a) 1. Zahl: x; 2. Zahl y; Summe: $x + y = 7$ ①; Differenz: $x - y = 3$ ②

$\begin{vmatrix} ① & x + y = 7 \\ ② & x - y = 3 \end{vmatrix}$; mit Additionsverfahren lösen $\Rightarrow x = 5$; $y = 2$

Die beiden Zahlen sind 5 und 2.

b) 1. Zahl x; 2. Zahl: y; $2x + 7y = -6$ ①; $4x - 5y = 7$ ②

$\begin{vmatrix} ① & 2x + 7y = -6 \\ ② & 4x - 5y = 7 \end{vmatrix} | \cdot (-2)$; anschließend Additionverfahren $\Rightarrow y = -1$; $x = 0,5$

Die gesuchten Zahlen sind 0,5 und -1.

c) 1. Zahl: x, 2. Zahl: y; $x = y + 5$ ①; $x = 3y - 1$ ②

$\begin{vmatrix} ① & x = y + 5 \\ ② & x = 3y - 1 \end{vmatrix}$; mit Gleichsetzungsverfahren lösen $\Rightarrow y = 3$; $x = 8$

Die gesuchten Zahlen sind 8 und 3.

Fehler-Check

1 1. Zahl: x; 2. Zahl: y; $\frac{1}{3}x + \frac{1}{4}y = \frac{1}{5}$ ①; $\frac{1}{6}x + \frac{1}{7}y = \frac{1}{8}$ ②

$\begin{vmatrix} ① & \frac{1}{3}x + \frac{1}{4}y = \frac{1}{5} \\ ② & \frac{1}{6}x + \frac{1}{7}y = \frac{1}{8} \end{vmatrix} | \cdot (-2)$; anschließend Additionsverfahren $\Rightarrow y = \frac{7}{5}$; $x = -\frac{9}{20}$

Die beiden Zahlen sind $-\frac{9}{20}$ und $\frac{7}{5}$.

2 1. Winkel: β; 2. Winkel γ; $\beta + \gamma + 110 = 180$ ①; $\beta = 2,5 \cdot \gamma$ ②

$\begin{vmatrix} ① & \beta + \gamma + 110 = 180 \\ ② & \beta = 2,5\,y \end{vmatrix}$; Einsetzungsverfahren $\Rightarrow \gamma = 20°$; $\beta = 50°$

Die verbleibenden Winkel sind 20° und 50° groß.

3 Geschwindigkeit Hinflug: 24 min – 280 km; 60 min – $280 \cdot \frac{60}{24} = 700$ km/h

Geschwindigkeit Rückflug: 21 min – 280 km; 60 min – $280 \cdot \frac{60}{21} = 800$ km/h

Eigengeschwindigkeit Flugzeug: x; Eigengeschwindigkeit Wind: y;

Hinflug: $x - y = 700$ ①; Rückflug: $x + y = 800$ ②

$\begin{vmatrix} ① & x - y = 700 \\ ② & x + y = 800 \end{vmatrix}$; Additionsverfahren $\Rightarrow x = 750$; $y = 50$

Geschwindigkeit des Flugzeugs: 750 km/h

Geschwindigkeit des Windes: 50 km/h

4 Anzahl Schweine: x, Anzahl Hühner: y;

Anzahl Beine: $4 \cdot x + 2 \cdot y = 70$ ①; Anzahl Schweine: $x = y + 4$ ②

$\begin{vmatrix} ① & 4x + 2y = 70 \\ ② & x = y + 4 \end{vmatrix}$; Einsetzungsverfahren $\Rightarrow y = 9$; $x = 13$

Der Bauer hat 13 Schweine und 9 Hühner.

Kapitel 7: Keine Angst vor Potenzen und Wurzeln!

Quadratische Gleichungen: Eine, keine oder zwei Lösungen

1 a) $L = \{5; -5\}$ b) $L = \{10; -10\}$ c) $L = \{15, -15\}$ d) $L = \{1,5; -1,5\}$
    e) $L = \{1; -1\}$ f) $L = \{0\}$ g) $L = \{\ \}$ h) $L = \{32; -32\}$

Seite 65

2 a) $L = \left\{\frac{2}{3}; -\frac{2}{3}\right\}$ b) $L = \left\{\frac{3}{17}; -\frac{3}{17}\right\}$ c) $L = \left\{\frac{5}{9}; -\frac{5}{9}\right\}$ d) $L = \left\{\frac{11}{2}; -\frac{11}{2}\right\}$

3 a) $L = \{3,87; -3,87\}$ b) $L = \{2,65; -2,65\}$ c) $L = \{5,39; -5,39\}$ d) $L = \{3,46; -3,46\}$

4 a) $x^2 - 12x = 0$ b) $x^2 + 5,6x = 0$ c) $x^2 - \frac{2}{3}x = 0$ d) $2x^2 - 8x = 0$
    $x \cdot (x - 12) = 0$ $x \cdot (x + 5,6) = 0$ $2x \cdot (x - 4) = 0$
    $\Rightarrow L = \{0; 12\}$ $\Rightarrow L = \{0; -5,6\}$ $x \cdot \left(x - \frac{2}{3}\right) = 0$ $\Rightarrow L = \{0; 4\}$
                                              $\Rightarrow L = \left\{0; \frac{2}{3}\right\}$

Seite 66

5 a) $x^2 - 4 = 0$ b) $x^2 - 6x = 0$ c) $x^2 - 3 = 0$
    d) $x^2 - \sqrt{3} \cdot x = 0$ e) z. B. $x^2 + 4 = 0$ f) $x^2 - \frac{4}{25} = 0$

6 a) $x^2 + 10x + 25 = 0$ b) $x^2 + 14x + 49 = 0$ c) $x^2 - 2x + 1 = 0$
          $(x + 5)^2 = 0$ $(x + 7)^2 = 0$ $(x - 1)^2 = 0$
                 $x = -5$ $x = -7$ $x = 1$
    $\Rightarrow L = \{-5\}$ $\Rightarrow L = \{-7\}$ $\Rightarrow L = \{1\}$
    d) $x^2 + x + \frac{1}{4} = 0$ e) $x^2 - \frac{2}{3}x + \frac{1}{9} = 0$ f) $x^2 - 18x + 81 = 144$
                                                      $(x - 9)^2 = 144 \ |\sqrt{\ }$
       $\left(x + \frac{1}{2}\right)^2 = 0$ $\left(x - \frac{1}{3}\right)^2 = 0$ $x - 9 = 12$ oder
                $x = -\frac{1}{2}$ $x = \frac{1}{3}$ $x - 9 = -12$
    $\Rightarrow L = \left\{-\frac{1}{2}\right\}$ $\Rightarrow L = \left\{\frac{1}{3}\right\}$ $x_1 = 21; \ x_2 = -3$
                                               $\Rightarrow L = \{21; -3\}$

Seite 67

7 a) $x^2 + 8x = 9 \quad |+16$ b) $x^2 + 6x = 40 \quad |+9$
   $x^2 + 8x + 16 = 25$ $x^2 + 6x + 9 = 49$
      $(x + 4)^2 = 25 \quad |\sqrt{\ }$ $(x + 3)^2 = 49 \quad |\sqrt{\ }$
         $x + 4 = \pm 5$ $x + 3 = \pm 7$
   $x_1 = 1; \ x_2 = -9$ $x_1 = 4; \ x_2 = -10$
   $\Rightarrow L = \{1; -9\}$ $\Rightarrow L = \{4; -10\}$

Seite 68

    c) $x^2 - 3x = \frac{7}{4} \quad |+\frac{9}{4}$ d) $x^2 - 4x + 3 = 0 \quad |-3$
                                           $x^2 - 4x = -3 \quad |+4$
  $x^2 - 3x + \frac{9}{4} = \frac{16}{4}$ $x^2 - 4x + 4 = 1$
       $\left(x - \frac{3}{2}\right)^2 = 4 \quad |\sqrt{\ }$ $(x - 2)^2 = 1 \quad |\sqrt{\ }$
          $x - \frac{3}{2} = \pm 2$ $x - 2 = \pm 1$
  $x_1 = 3,5; \ x_2 = -0,5$ $x_1 = 3; \ x_2 = 1$
   $\Rightarrow L = \{3,5; -0,5\}$ $\Rightarrow L = \{3; 1\}$

e) $2x^2 - 16x + 30 = 0 \quad |-30$

$\qquad 2x^2 - 16x = -30 \ |:2$

$\qquad\qquad x^2 - 8x = -15 \ |+16$

$\qquad x^2 - 8x + 16 = 1$

$\qquad\qquad (x-4)^2 = 1 \qquad |\sqrt{}$

$\qquad\qquad\qquad x - 4 = \pm 1$

$x_1 = 5; \ x_2 = 3 \Rightarrow L = \{5; 3\}$

f) $\qquad 10x^2 + 1 = 7x \qquad |-7x-1$

$\qquad 10x^2 - 7x = -1 \qquad |:10$

$\qquad x^2 - \frac{7}{10}x = -\frac{1}{10} \quad |+\left(\frac{7}{20}\right)^2 = \frac{49}{400}$

$x^2 - \frac{7}{10}x + \frac{49}{400} = \frac{9}{400}$

$\qquad \left(x - \frac{7}{20}\right)^2 = \frac{9}{400} \qquad |\sqrt{}$

$\qquad\qquad x - \frac{7}{20} = \pm\frac{3}{20}$

$x_1 = \frac{10}{20} = \frac{1}{2}; \ x_2 = \frac{4}{20} = \frac{1}{5} \Rightarrow L = \left\{\frac{1}{2}; \frac{1}{5}\right\}$

8 a) $x^2 + 2x - 8 = 0 \quad |pq$

$\quad x_{1/2} = -1 \pm \sqrt{1+8}$

$\quad x_{1/2} = -1 \pm 3$

$\quad x_1 = 2; \ x_2 = -4$

$\quad \Rightarrow L = \{2; -4\}$

b) $x^2 + 4x - 5 = 0$

$\quad x_{1/2} = -2 \pm \sqrt{4+5}$

$\quad x_{1/2} = -2 \pm 3$

$\quad x_1 = 1; \ x_2 = -5$

$\quad \Rightarrow L = \{1; -5\}$

c) $x^2 - 5x - 14 = 0$

$\quad x_{1/2} = \frac{5}{2} \pm \sqrt{\frac{25}{4} + \frac{56}{4}}$

$\quad x_{1/2} = \frac{5}{2} \pm \frac{9}{2}$

$\quad x_1 = 7; \ x_2 = -2$

$\quad \Rightarrow L = \{7; -2\}$

d) $L = \{-0,35; -5,65\}$

e) $L = \left\{\frac{1}{2}; -\frac{2}{3}\right\}$

f) $L = \{1,3; -2,5\}$

9 a) $2x^2 + 22x + 70 = 0$

$\quad x_{1/2} = \frac{-22 \pm \sqrt{484 - 560}}{4} = \frac{-22 \pm \sqrt{-76}}{4}$

$\quad$ keine Lösung, da Diskriminante negativ! $\Rightarrow L = \{\ \}$

b) $4x^2 + 52x + 88 = 0 \quad |:4$

$\quad x^2 + 13x + 22 = 0$

$\quad x_{1/2} = -6,5 \pm \sqrt{42,25 - 22} = -6,5 \pm 4,5$

$\quad x_1 = -2; \ x_2 = -11 \Rightarrow L = \{-2; -11\}$

c) $\frac{7}{3}x^2 - 14x + 28 = 0 \quad |\cdot\frac{3}{7}$

$\quad x^2 - 6x + 12 = 0$

$\quad x_{1/2} = 3 \pm \sqrt{9 - 12}$

$\quad D < 0; \ $ keine Lösung $\Rightarrow L = \{\ \}$

d) $\qquad 2x \cdot (14 - 3x) = 7 \cdot (7 - 3x)$

$\quad 28x - 6x^2 = 49 - 21x \ |-49 + 21x$

$\quad -6x^2 + 49x - 49 = 0$

$\quad x_{1/2} = \frac{-49 \pm \sqrt{2401 - 1176}}{-12} = \frac{-49 \pm \sqrt{1225}}{-12}$

$\quad x_{1/2} = \frac{-49 \pm 35}{-12}$

$\quad x_1 = \frac{7}{6}; \ x_2 = 7 \Rightarrow L = \left\{1\frac{1}{6}; 7\right\}$

10 a) falsch   b) wahr   c) wahr   d) falsch

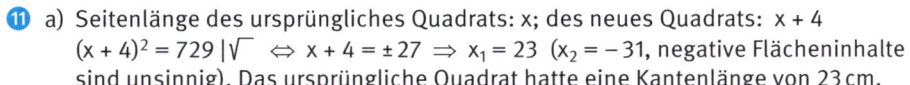

⑪ a) Seitenlänge des ursprüngliches Quadrats: x; des neues Quadrats: x + 4   Seite 69
$(x + 4)^2 = 729 \,|\sqrt{} \;\Leftrightarrow\; x + 4 = \pm 27 \Rightarrow x_1 = 23$ ($x_2 = -31$, negative Flächeninhalte
sind unsinnig). Das ursprüngliche Quadrat hatte eine Kantenlänge von 23 cm.

b) $3x + 10 = x^2 \quad |-3x - 8$

$$0 = x^2 - 3x - 10$$

$$x_{1/2} = \frac{3}{2} \pm \sqrt{\frac{9}{4} + \frac{40}{4}} = \frac{3}{2} \pm \sqrt{\frac{49}{4}} = \frac{3}{2} \pm \frac{7}{2} \Rightarrow x_1 = 5; \; x_2 = -2$$

c) $304 = (3x + 40) \cdot (2x + 20) - 2 \cdot 20^2$

$$304 = 6x^2 + 60x + 80x + 800 - 800 \quad |-304$$

$$0 = 6x^2 + 140x - 304 \qquad\qquad\qquad |:6$$

$$0 = x^2 \pm \frac{70}{3}x - \frac{152}{3}$$

$$x_{1/2} = -\frac{35}{3} \pm \sqrt{\frac{1225}{9} + \frac{456}{9}} = -\frac{35}{3} \pm \frac{41}{3} \Rightarrow x_1 = \frac{6}{3} = 2; \left(x_2 = -\frac{76}{3}; \text{ unsinnig}\right)$$

Der Bilderrahmen hat eine Rahmenbreite von 2 cm.

Fehler-Check

❶ a) $x^2 - 5x - 6 = 0$

$$x_{1/2} = -\frac{5}{2} \pm \sqrt{\left(\frac{5}{2}\right)^2 + 6}$$

Vorzeichen

$$x_{1/2} = -\frac{5}{2} \pm \sqrt{\frac{25}{4} + \frac{24}{4}}$$

$$x_{1/2} = -\frac{5}{2} \pm \frac{7}{4} \;\text{Rechen-}$$
fehler

$$L = \left\{-\frac{3}{4}; \; -\frac{14}{4}\right\} \;\text{Rechen-}$$
fehler

b) $x^2 + 75 = 196 \;|+6$

$$x^2 + 81 = \underline{196}$$

Rechenfehler

$$(x + 9)^2 = 196 \;|\sqrt{}$$

Denkfehler

$$x + 9 = 14$$

$$L = \{\underline{5}\} \;\text{zweite Lösung fehlt}$$

c) $x^2 + 8 - 9x = 0$

$$x_{1/2} = -4 \pm \sqrt{16 + 9}$$

p und q verwechselt

$$x_{1/2} = -4 \pm \underline{25}$$

Rechenfehler

$$x_1 = 21; \; x_2 = -29$$

❷ a) $20x^2 - 5 = 0 \;|+5$

$$20x^2 = 5 \;|:20$$

$$x^2 = \frac{1}{4}$$

$$x_1 = \frac{1}{2}; \; x_2 = -\frac{1}{2} \Rightarrow L = \left\{\frac{1}{2}; -\frac{1}{2}\right\}$$

b) $9x^2 + 16x = 0 \;|:9$

$$x^2 + \frac{16}{9}x = 0$$

$$x \cdot \left(x + \frac{16}{9}\right) = 0$$

$$x_1 = 0; \; x_2 = -\frac{16}{9} \Rightarrow L = \left\{0; -\frac{16}{9}\right\}$$

c) $x^2 + 2x - 48 = 0 \quad |+48$

$$x^2 + 2x = 48 \quad |+1$$

$$x^2 + 2x + 1 = 49$$

$$(x + 1)^2 = 49 \quad |\sqrt{}$$

$$x + 1 = \pm 7$$

$$x_1 = 6; \; x_2 = -8 \Rightarrow L = \{6; -8\}$$

d) $\frac{1}{2}x^2 + x - \frac{1}{5} = -\frac{4}{3}x - 2x^2 + 3 \,|+2x^2 + \frac{4}{3}x - 3$

$$\frac{5}{2}x^2 + \frac{7}{3}x - \frac{16}{5} = 0 \qquad\qquad\qquad |\cdot\frac{2}{5}$$

$$x^2 + \frac{14}{15}x - \frac{32}{25} = 0$$

$$x_{1/2} = -\frac{7}{15} \pm \sqrt{\frac{49}{225} + \frac{288}{225}} = -\frac{7}{15} \pm \sqrt{\frac{337}{225}} \approx -\frac{7}{15} \pm 1{,}22$$

$$x_1 \approx 0{,}75; \; x_2 \approx -1{,}69 \Rightarrow L = \{0{,}75; -1{,}69\}$$

Seite 69 **❸** a) $7 + (-18) = -11 = -p$ ✓; $7 \cdot (-18) = -126 \neq q \Rightarrow$ Lösungen sind falsch.

b) $\frac{3}{4} + \left(-\frac{1}{3}\right) = \frac{5}{12} = -p$ ✓; $\frac{3}{4} \cdot \left(-\frac{1}{3}\right) = -\frac{1}{4} = q$ ✓ $\Rightarrow$ Lösungen sind richtig.

c) $4{,}5 + (-4) = 0{,}5 \neq -p \Rightarrow$ Lösungen sind falsch.

d) $\frac{1}{5} + \frac{1}{3} = \frac{8}{15} \neq -p \Rightarrow$ Lösungen sind falsch.

Gleichungen höheren Grades

Seite 71 **❶** a) $x^3 = 27$ ☒ $x = 3$ ☐ $x = -3$ ☐ $x = \sqrt{27}$ ☒ $x = \sqrt[3]{27}$

b) $x^4 = 256$ ☐ $x = 6$ ☒ $x = 4$ ☐ $x = 64$ ☒ $x = -4$

c) $-x^4 = -16$ ☒ $x = -2$ ☐ $x = 8$ ☐ $L = \{\ \}$ ☒ $x = 2$

d) $x^5 = -243$ ☐ $x = 3$ ☐ $x = -5$ ☐ $L = \{\ \}$ ☒ $x = -3$

❷ a) $L = \{-2;\ 2\}$ b) $L = \left\{-\frac{1}{3}\right\}$ c) $L = \{\ \}$ d) $L = \left\{\frac{2}{3}\right\}$

Seite 73 **❸** a)
$$x^4 - 25x^2 + 144 = 0 \quad |\text{setze } x^2 = z$$
$$z^2 - 25z + 144 = 0 \quad |pq$$
$$z_{1/2} = \frac{25}{2} \pm \sqrt{\frac{625}{4} - \frac{576}{4}} = \frac{25}{2} \pm \frac{7}{2}$$
$$z_1 = 16 \Rightarrow x_{1/2} = \pm 4$$
$$z_2 = 9 \Rightarrow x_{3/4} = \pm 3$$
$$\Rightarrow L = \{\pm 3;\ \pm 4\}$$

b)
$$x^4 + 3x^2 - 40 = 0 \quad |\text{setze } x^2 = z$$
$$z^2 + 3z - 40 = 0 \quad |pq$$
$$z_{1/2} = -\frac{3}{2} \pm \sqrt{\frac{9}{4} + \frac{160}{4}} = -\frac{3}{2} \pm \frac{13}{2}$$
$$z_1 = 5 \Rightarrow x_{1/2} = \pm\sqrt{5}$$
$$z_2 = -8 \Rightarrow \text{keine weiteren Lösungen}$$
$$\Rightarrow L = \left\{\pm\sqrt{5}\right\}$$

c)
$$2x^4 - 10x^2 + 8 = 0 \quad |:2$$
$$x^4 - 5x^2 + 4 = 0 \quad |\text{setze } x^2 = z$$
$$z^2 - 5z + 4 = 0 \quad |pq$$
$$z_{1/2} = \frac{5}{2} \pm \sqrt{\frac{25}{4} - \frac{16}{4}}$$
$$z_{1/2} = \frac{5}{2} \pm \frac{3}{2}$$
$$z_1 = 4 \Rightarrow x_{1/2} = \pm 2$$
$$z_2 = 1 \Rightarrow x_{3/4} = \pm 1$$
$$\Rightarrow L = \{\pm 1;\ \pm 2\}$$

d)
$$4x^4 - 5x^2 - 9 = 0 \quad |:4$$
$$x^4 - \frac{5}{4}x^2 - \frac{9}{4} = 0 \quad |\text{setze } x^2 = z$$
$$z^2 - \frac{5}{4}z - \frac{9}{4} = 0 \quad |pq$$
$$z_{1/2} = \frac{5}{8} \pm \sqrt{\frac{25}{64} + \frac{144}{64}} = \frac{5}{8} \pm \frac{13}{8}$$
$$z_1 = \frac{9}{4} \Rightarrow x_{1/2} = \pm\frac{3}{2}$$
$$z_2 = -1 \Rightarrow \text{keine weiteren Lösungen.}$$
$$\Rightarrow L = \left\{\pm\frac{3}{2}\right\}$$

❹ a)
$$x^3 + 11x^2 + 10x = 0$$
$$x \cdot (x^2 + 11x + 10) = 0 \quad x_1 = 0$$
$$x^2 + 11x + 10 = 0 \quad |pq$$
$$x_2 = -1,\ x_3 = -10$$
$$\Rightarrow L = \{-10;\ -1;\ 0\}$$

b)
$$3x^3 + 30x^2 + 75x = 0$$
$$3x \cdot (x^2 + 10x + 25) = 0 \quad x_1 = 0$$
$$x^2 + 10x + 25 = 0$$
$$(x + 5)^2 = 0 \quad x_2 = -5$$
$$\Rightarrow L = \{-5;\ 0\}$$

c) $L = \{-2;\ 0;\ 21\}$

d) $L = \{-0{,}61;\ 0;\ 2{,}61\}$

5 a) $(x^3 - 3x^3 - 6x + 8):(x - 1) = x^2 - 2x - 8$

$\quad\underline{-(x^3 - x^2)}$

$\qquad\quad -2x^2 - 6x$

$\qquad\underline{-(-2x^2 + 2x)}$

$\qquad\qquad\quad -8x + 8$

$\qquad\qquad\underline{-(-8x + 8)}$

$\qquad\qquad\qquad\quad -$

$x^2 - 2x - 8 = 0 \quad |pq$

$x_2 = 4,\ x_3 = -2$

$\Rightarrow L = \{-2;\ 1;\ 4\}$

Seite 73

b) $(x^3 - 7x^2 + 7x + 15):(x + 1) = x^2 - 8x + 15$

$\quad\underline{-(x^3 + x^2)}$

$\qquad\quad -8x^2 + 7x$

$\qquad\underline{-(-8x^2 - 8x)}$

$\qquad\qquad\quad 15x + 15$

$\qquad\qquad\underline{-(15x + 15)}$

$\qquad\qquad\qquad\quad -$

$x^2 - 8x + 15 = 0 \quad |pq$

$x_2 = 5,\ x_3 = 3$

$\Rightarrow L = \{-1;\ 3;\ 5\}$

c) $(x^3 - x^2 - 16x - 20):(x + 2) = x^2 - 3x - 10$

$x^2 - 3x - 10 = 0 \quad |pq \Leftrightarrow x_2 = 5,\ x_3 = -2 = x_1 \Rightarrow L = \{-2;\ 5\}$

d) $x^3 + 12 = 3x^2 + 4x \quad |-3x^2 - 4x$

$(x^3 - 3x^2 - 4x + 12):(x - 2) = x^2 - x - 6$

$x^2 - x - 6 = 0 \quad |pq \Leftrightarrow x_2 = 3,\ x_3 = -2 \Rightarrow L = \{-2;\ 2;\ 3\}$

Fehler-Check

1 a) $L = \{4\}$ b) $L = \{\ \}$ c) $L = \{-5\}$ d) $L = \left\{-\frac{1}{2};\ \frac{1}{2}\right\}$

2 a) $x^4 = 625;\ x_1 = -5;\ x_2 = 5;\ L = \{-5;\ 5\}$ b) $x^5 = -243;\ x = -3;\ L = \{-3\}$

c) $x^4 - 24x^2 - 25 = 0 \quad |$setze $x^2 = z$

$z^2 - 24z - 25 = 0 \quad |pq$

$z_{1/2} = 12 \pm \sqrt{144 + 25} = 12 \pm 13$

$z_1 = 25 \Rightarrow x_{1/2} = \pm 5;\ z_2 = -1 \Rightarrow$ keine weiteren Lösungen $\Rightarrow L = \{-5;\ 5\}$

d) $(x^3 + x^2 - 17x + 15):(x - 1) = x^2 + 2x - 15$

$x^2 + 2x - 15 = 0 \quad |pq \Leftrightarrow x_1 = 3,\ x_2 = -5 \Rightarrow L = \{-5;\ 1;\ 3\}$

3 a) $x \cdot (x^2 + 9x + 14) = 0 \quad x_1 = 0$

$\qquad x^2 + 9x + 14 = 0 \quad |pq$

$\qquad x_2 = -2$

$\qquad x_3 = -7$

$\Rightarrow L = \{-7;\ -2;\ 0\}$

b) $x^4 - 20x^2 + 64 = 0 \quad |$setze $x^2 = z$

$\qquad z^2 - 20z + 64 = 0 \quad |pq$

$\qquad z_1 = 16 \Rightarrow x_{1/2} = \pm 4$

$\qquad z_2 = 4 \Rightarrow x_{3/4} = \pm 2$

$\qquad \Rightarrow L = \{\pm 2;\ \pm 4\}$

c) $\qquad 3 \cdot (x^3 + 1) = 7 \cdot x \cdot (x + 1)$

$\qquad\qquad 3x^3 + 3 = 7x^2 + 7x \quad |-7x^2 - 7x$

$\quad 3x^3 - 7x^2 - 7x + 3 = 0 \qquad |x_1 = -1$ (durch Probieren)

$\quad (3x^3 - 7x^2 - 7x + 3):(x + 1) = 3x^2 - 10x + 3$

$0 = 3x^2 - 10x + 3 \Leftrightarrow x^2 - \frac{10}{3}x + 1 = 0 \quad |pq \Leftrightarrow x_2 = 3,\ x_3 = \frac{1}{3} \Rightarrow L = \left\{-1;\ \frac{1}{3};\ 3\right\}$

Lösungen

Wurzelgleichungen: Nicht jede richtige Lösung stimmt

Seite 75 ❶ b) und c) sind Wurzelgleichungen, bei den anderen steht die Variable nicht unter der Wurzel.

❷ a) $D = \{x \in \mathbb{R} \mid x \geq -1\}$ b) $D = \{a \in \mathbb{R} \mid a \geq 7\}$ c) $D = \{x \in \mathbb{R} \mid x \geq 2\}$

d) $D = \left\{x \in \mathbb{R} \mid x \geq -\frac{1}{3}\right\}$ e) $D = \left\{x \in \mathbb{R} \mid x \geq -\frac{4}{5}\right\}$ f) $D = \{a \in \mathbb{R} \mid a \leq 4\}$

Seite 76 ❸ a) $\quad \sqrt{x} = 7 \quad |(\ )^2$
$\qquad x = 49$
$\quad$ Probe: $\sqrt{49} = 7$
$\qquad\qquad 7 = 7 \ \checkmark$
$\quad \Rightarrow L = \{49\}$

b) $\quad \sqrt{2x} = 5 \quad |(\ )^2$
$\qquad 2x = 25 \ |:2$
$\qquad x = 12,5$
$\quad$ Probe: $\sqrt{2 \cdot 12,5} = 5$
$\qquad\qquad\qquad 5 = 5 \ \checkmark$
$\quad \Rightarrow L = \{12,5\}$

c) $\quad \sqrt{3x} = -4 \, |(\ )^2$
$\qquad 3x = 16 \ |:3$
$\qquad x = \frac{16}{3}$
$\quad$ Probe: $\sqrt{3 \cdot \frac{16}{3}} = -4$
$\qquad\qquad 4 = -4 \ \text{falsch}$
$\qquad \Rightarrow L = \{ \ \}$

d) $-2 \cdot \sqrt{x} = -6 \quad |:(-2)$
$\qquad \sqrt{x} = 3 \quad |(\ )^2$
$\qquad x = 9$
$\quad$ Probe: $-2 \cdot \sqrt{9} = -6$
$\qquad\qquad\qquad -6 = -6 \ \checkmark$
$\Rightarrow L = \{9\}$

e) $\sqrt{4x} - 6 = 0 \quad |+6$
$\qquad \sqrt{4x} = 6 \quad |(\ )^2$
$\qquad 4x = 36 \ |:4$
$\qquad x = 9$
$\quad$ Probe: $\sqrt{4 \cdot 9} - 6 = 0$
$\qquad\qquad\qquad 6 - 6 = 0$
$\qquad\qquad\qquad 0 = 0 \ \checkmark$
$\qquad \Rightarrow L = \{9\}$

f) $\frac{\sqrt{x}}{3} - \frac{1}{2} = 0 \quad |+\frac{1}{2}$
$\qquad \frac{\sqrt{x}}{3} = \frac{1}{2} \quad |\cdot 3$
$\qquad \sqrt{x} = \frac{3}{2} \quad |(\ )^2$
$\qquad x = \frac{9}{4}$
$\quad$ Probe: $\frac{\sqrt{\frac{9}{4}}}{3} - \frac{1}{2} = 0$
$\frac{\frac{3}{2}}{3} - \frac{1}{2} = 0 \Rightarrow \frac{1}{2} - \frac{1}{2} = 0$
$\qquad\qquad\qquad \Rightarrow 0 = 0 \ \checkmark$
$\qquad \Rightarrow L = \left\{\frac{9}{4}\right\}$

❹ a) $\sqrt{x-1} = 5 \quad |(\ )^2$
$\quad x - 1 = 25 \ |+1$
$\qquad \underline{x = 26}$
Probe: $\sqrt{26 - 1} = 5$
$\qquad 5 = 5 \checkmark \Rightarrow L = \{26\}$

b) $L = \{40\}$
d) $L = \{-10\}$
f) $L = \{-6\}$

c) $L = \{11\}$
e) $L = \{18\}$

❺ a) $\sqrt{x+1} + 1 = x \qquad |-1$
$\quad \sqrt{x+1} = x - 1 \qquad |(\ )^2$
$\quad x + 1 = x^2 - 2x + 1 \ |-x - 1$
$\qquad 0 = x^2 - 3x$
$\qquad 0 = x \cdot (x - 3)$
$x_1 = 0; \ x_2 = 3$

Probe: $\sqrt{0 + 1} + 1 = 0 \Leftrightarrow 2 = 0 \ \text{falsch}$
$\sqrt{3 + 1} + 1 = 3 \Leftrightarrow 3 = 3 \checkmark \Rightarrow L = \{3\}$

b) $L = \{10\}$
c) $L = \{3\}$
d) $L = \{5\}$

Seite 77

6 a) $\sqrt{x+7} - 1 = \sqrt{x}$ $|+1$

$\quad\sqrt{x+7} = \sqrt{x} + 1$ $|(\ )^2$

$\quad\quad x+7 = x + 2\cdot\sqrt{x} + 1$ $|-x-1$

$\quad\quad\quad 6 = 2\cdot\sqrt{x}$ $|(\ )^2$

$\quad\quad\quad 36 = 4x$ $|:4$

$\quad\quad\quad\ 9 = x$

Probe:

$\sqrt{9+7} - 1 = \sqrt{9} \Leftrightarrow 4 - 1 = 3$

$\Leftrightarrow 3 = 3 \checkmark \Rightarrow L = \{9\}$

b) $\sqrt{x+5} + 2 = \sqrt{x}$ $|-2$

$\quad\sqrt{x+5} = \sqrt{x} - 2$ $|(\ )^2$

$\quad\quad x+5 = x - 4\cdot\sqrt{x} + 4$ $|-x-4$

$\quad\quad\quad 1 = -4\cdot\sqrt{x}$ $|(\ )^2$

$\quad\quad\quad 1 = 16x$ $|:16$

$\quad\quad\frac{1}{16} = x$

Probe:

$\sqrt{\frac{1}{16} + 5} + 2 = \sqrt{\frac{1}{16}} \Leftrightarrow 4{,}25 = \frac{1}{4}$ falsch

$\Rightarrow L = \{\ \}$

c) $\sqrt{x+8} = 4\cdot\sqrt{x-7}$ $|(\ )^2$

$\quad x+8 = 16\cdot(x-7)$

$\quad x+8 = 16x - 112$ $|-x+112$

$\quad\ 120 = 15x$ $|:15$

$\quad\quad\ 8 = x$

Probe: $\sqrt{8+8} = 4\cdot\sqrt{8-7} \Leftrightarrow 4 = 4\cdot 1$

$\Leftrightarrow 4 = 4 \checkmark \Rightarrow L = \{8\}$

d) $\quad\quad\quad\sqrt{x-3} + 1 = \sqrt{x+2}$ $|(\ )^2$

$\quad (x-3) + 2\cdot\sqrt{x-3} + 1 = x+2$ $|zf.$

$\quad\quad x - 2 + 2\cdot\sqrt{x-3} = x+2$ $|-x+2$

$\quad\quad\quad 2\cdot\sqrt{x-3} = 4$ $|(\ )^2$

$\quad\quad\quad 4\cdot(x-3) = 16$

$\quad\quad\quad 4x - 12 = 16$ $|+12$

$\quad\quad\quad\quad 4x = 28$ $|:4$

$\quad\quad\quad\quad\ x = 7$

Probe: $\sqrt{7-3} + 1 = \sqrt{7+2}$

$\Leftrightarrow 2 + 1 = 3 \checkmark \Rightarrow L = \{7\}$

Fehler-Check

1 Beispielhafte Lösungen:

a) $L = \{9\}$ Wurzelgleichung: $\sqrt{x} = 3$ „Nicht-Wurzelgleichung": $3x = 27$

b) $L = \{-2\}$ Wurzelgleichung: $\sqrt{x+2} = 0$ „Nicht-Wurzelgleichung": $x + 2 = 0$

c) $L = \{\frac{1}{4}\}$ Wurzelgleichung: $\sqrt{x} = \frac{1}{2}$ „Nicht-Wurzelgleichung": $4x - 1 = 0$

d) $L = \{-0{,}3\}$ Wurzelgleichung: $\sqrt{4{,}3 + x} = 2$ „Nicht-Wurzelgleichung": $10x + 3 = 0$

2 1 a) $D = \{x \in \mathbb{R} \mid x \geq -1\}$ b) $D = \{x \in \mathbb{R} \mid x \leq 3\}$

2 a) $\sqrt{x} = 2 \mid (\ )^2 \Leftrightarrow x = 4$; Probe: $\sqrt{4} = 2 \checkmark \Rightarrow L = \{4\}$

b) $\sqrt{x+1} = -1 \Leftrightarrow x + 1 = 1 \Leftrightarrow x = 0$: Probe: $\sqrt{0+1} = -1 \Leftrightarrow \sqrt{1} = -1$ falsch

$\Rightarrow L = \{\ \}$

c) $\sqrt{5-x} = x + 1 \Leftrightarrow 5 - x = x^2 + 2x + 1 \Leftrightarrow 0 = x^2 + 3x - 4 \mid pq$

$x_{1/2} = -\frac{3}{2} \pm \sqrt{\frac{9}{4} + \frac{16}{4}} = -\frac{3}{2} \pm \frac{5}{2}$; $x_1 = 1$; $x_2 = -4$

Probe: $\sqrt{5-1} = 1 + 1 \Leftrightarrow 2 = 2 \checkmark$; $\sqrt{5+4} = -4 + 1 \Leftrightarrow 3 = -3$ falsch $\Rightarrow L = \{1\}$

3 a) $\quad 6 = \sqrt{6x - 9} \quad |(\ )^2$
$\qquad 36 = 6x - 9 \quad |+9$
$\qquad 45 = 6x \quad |:6$
$\qquad 7{,}5 = x$
$\qquad$ Probe: $6 = \sqrt{45 - 9} \Leftrightarrow 6 = \sqrt{36} \checkmark$
$\qquad \Rightarrow L = \{7{,}5\}$

b) $\quad \sqrt{\frac{1}{3}x} = \sqrt{x + 2} \quad |(\ )^2$
$\qquad \frac{1}{3}x = x + 2 \quad |-x$
$\qquad -\frac{2}{3}x = 2 \quad |\cdot\left(-\frac{3}{2}\right)$
$\qquad x = -3$
$\quad$ Probe: $\sqrt{\frac{1}{3}\cdot(-3)} = \sqrt{-\frac{3}{2} + 2} \Leftrightarrow \sqrt{-1} = \sqrt{\frac{1}{2}}$
$\quad \sqrt{-1}$ nicht definiert $\Rightarrow L = \{\ \}$

c) $\sqrt{x + 3} - x = 1 \qquad |+x$
$\qquad \sqrt{x + 3} = x + 1 \qquad |(\ )^2$
$\qquad x + 3 = x^2 + 2x + 1 \quad |-x - 3$
$\qquad 0 = x^2 + x - 2 \quad |pq$
$x_1 = 1; \ x_2 = -2$
Probe: $\sqrt{1 + 3} - 1 = 1 \Leftrightarrow 2 - 1 = 1\checkmark;$
$\sqrt{-2 + 3} - (-2) = 1 \Leftrightarrow 1 + 2 = 1$ falsch
$\Rightarrow L = \{1\}$

d) $3 + \sqrt{x - 1} = x \qquad |-3$
$\qquad \sqrt{x - 1} = x - 3 \qquad |(\ )^2$
$\qquad x - 1 = x^2 - 6x + 9 \quad |-x + 1$
$\qquad 0 = x^2 - 7x + 10 \quad |pq$
$x_1 = 5; \ x_2 = 2$
Probe:
$3 + \sqrt{5 - 1} = 5 \Leftrightarrow 3 + 2 = 5 \checkmark$
$3 + \sqrt{2 - 3} = 2 \Leftrightarrow 3 + \sqrt{-1} = 2$
nicht definiert! $\Rightarrow L = \{5\}$

e) $\quad 2 \cdot \sqrt{3x - 5} - \sqrt{2x - 5} = 5 \qquad\qquad\qquad\qquad |+\sqrt{2x - 5}$
$\qquad\qquad 2 \cdot \sqrt{3x - 5} = 5 + \sqrt{2x - 5} \qquad\qquad |(\ )^2$
$\qquad\qquad 4 \cdot (3x - 5) = 25 + 10 \cdot \sqrt{2x - 5} + 2x - 5$
$\qquad\qquad 12x - 20 = 20 + 10 \cdot \sqrt{2x - 5} + 2x \qquad |-20 - 2x$
$\qquad\qquad 10x - 40 = 10 \cdot \sqrt{2x - 5} \qquad\qquad\qquad |(\ )^2$
$100x^2 - 800x + 1600 = 100 \cdot (2x - 5)$
$100x^2 - 800x + 1600 = 200x - 500 \qquad\qquad\qquad |-200x + 500$
$100x^2 - 100x + 2100 = 0 \qquad\qquad\qquad\qquad\quad |:100$
$\qquad\qquad x^2 - 10x + 21 = 0 \qquad\qquad\qquad\qquad |pq$
$x_1 = 7; \ x_2 = 3$
Probe: $2 \cdot \sqrt{3\cdot7 - 5} - \sqrt{2\cdot7 - 5} = 5 \Leftrightarrow 2 \cdot \sqrt{16} - \sqrt{9} = 5 \Leftrightarrow 2 \cdot 4 - 3 = 5 \Leftrightarrow 5 = 5\checkmark$
$2 \cdot \sqrt{3\cdot3 - 5} - \sqrt{2\cdot3 - 5} = 5 \Leftrightarrow 2 \cdot 2 - 1 = 5 \Leftrightarrow 3 = 5$ falsch $\Rightarrow L = \{7\}$

f) $\sqrt{2x + \sqrt{4x - 3}} = 3 \qquad\qquad |(\ )^2$
$\qquad 2x + \sqrt{4x - 3} = 9 \qquad\qquad |-2x$
$\qquad\qquad \sqrt{4x - 3} = 9 - 2x \qquad |(\ )^2$
$\qquad\qquad 4x - 3 = 81 - 36x + 4x^2 \quad |-4x + 3$
$\qquad\qquad 0 = 4x^2 - 40x + 84 \quad |:4$
$\qquad\qquad 0 = x^2 - 10x + 21 \quad |pq$
$x_1 = 7; \ x_2 = 3$
Probe: $\sqrt{2\cdot7 + \sqrt{4\cdot7 - 3}} = 3 \Leftrightarrow \sqrt{14 + \sqrt{25}} = 3 \Leftrightarrow \sqrt{14 + 5} = 3$ falsch
$\sqrt{2\cdot3 + \sqrt{4\cdot3 - 3}} = 3 \Leftrightarrow \sqrt{6 + \sqrt{9}} = 3 \Leftrightarrow \sqrt{6 + 3} = 3 \Leftrightarrow 3 = 3\checkmark \Rightarrow L = \{3\}$

Kapitel 8: Größer oder kleiner? Ungleichungen lösen

1 a) $4 < 7$ b) $-3 < -2$ c) $0,5 < \frac{3}{5}$ d) $-1,01 > -1,10$ e) $-\frac{1}{4} < -\frac{1}{5}$ e) $a^2 > b^2$ Seite 79

2 a) $3x + 7 < 13$ b) $12 + 2x \geq 10$ c) $-\frac{3}{4}x - \frac{9}{4} < \frac{15}{4}$ d) $5 \cdot (-3x - 8) + 9x \geq -28$
$\qquad 3x < 6 \qquad\qquad\quad 2x \geq -2 \qquad\qquad -\frac{3}{4}x < 6 \qquad\qquad -15x - 40 + 9x \geq -28$
$\qquad\; x < 3 \qquad\qquad\quad\; x \geq -1 \qquad\qquad\qquad x > -8 \qquad\qquad\;\; -6x - 40 \geq -28$
$\qquad\qquad\qquad\qquad\qquad\qquad\qquad\qquad\qquad\qquad\qquad\qquad\qquad\qquad\qquad -6x \geq 12$
$\qquad\qquad\qquad\qquad\qquad\qquad\qquad\qquad\qquad\qquad\qquad\qquad\qquad\qquad\qquad\;\; x \leq -2$

3 a)   b)   Seite 80

c)   d)

4 a) $L = \{x \in \mathbb{R} \mid x \leq 3\}$ b) $L = \{x \in \mathbb{R} \mid x < 1\}$

$L = \left\{x \in \mathbb{R} \mid x > \frac{3}{2}\right\}$ $L = \{x \in \mathbb{R} \mid x \geq -1\}$

c)   d)

5 a) $2 \cdot (7 - x) < 18$ b) $5 - \frac{1}{2}x > 3$ $\mid -5$ c) $-3 \cdot \left(1 - \frac{2}{3}x\right) < -8$ Seite 81
$\quad 14 - 2x < 18$ $\mid -14$ $\qquad -\frac{1}{2}x > -2$ $\mid \cdot (-2)$ $\qquad -3 + 2x < -8$ $\mid +3$
$\qquad -2x < 4$ $\mid : (-2)$ $\qquad\qquad x < 4 \qquad\qquad\qquad\qquad\quad 2x < -5$ $\mid : 2$
$\qquad\quad\;\; x > -2 \qquad\qquad\qquad\qquad\qquad\qquad\qquad\qquad\qquad\qquad\qquad x < -2,5$
$L = \{x \in \mathbb{Z} \mid x > -2\}$ bzw. $L = \{x \in \mathbb{N} \mid x < 4\}$ bzw.
$L = \{-1; 0; 1; 2; 3; \ldots\}$ $L = \{0; 1; 2; 3\}$ $L = \{\ \}$

Fehler-Check

1 a) $-3x < 9$ $\mid : (-3)$ b) $3 + x > -4$ $\mid -3$ c) $-10x + 20 < 2x - 4$ $\mid -2x - 20$
$\qquad\quad\; x > -3 \qquad\qquad\qquad\;\; x > -7 \qquad\qquad\qquad\quad -12x < -24$ $\mid : (-12)$
$\qquad\qquad\qquad\qquad\qquad\qquad\qquad\qquad\qquad\qquad\qquad\qquad\quad x > 2$

2 a) $\qquad 2x - 5 < 6 + 3x$ $\mid -2x$ b) $\qquad 10 - 4x < 2x + 4$ $\mid -2x$
$\qquad\qquad\;\; -5 < 6 + x$ $\mid -6 \qquad\qquad\qquad 10 - 2x < 4$ $\mid -10$
$\qquad\qquad -11 < x \qquad\qquad\qquad\qquad\qquad\quad -2x < -6$ $\mid : (-2)$
$\qquad\qquad\quad \underline{x < -11} \qquad\qquad\qquad\qquad\qquad\qquad \underline{x < 3}$

Seite 81 ❸ a) $10 - 4x < 2x + 4$ $\quad |-2x - 10$

$\qquad -6x < -6$ $\quad |:(-6)$

$\qquad x > 1 \Rightarrow L = \{x \in \mathbb{R} \,|\, x > 1\}$

b) $2 - (7 + x) \le 4 \cdot (-x + 1)$

$\qquad 2 - 7 - x \le -4x + 4$ $\quad |+5 + 4x$

$\qquad 3x \le 9$ $\quad |:3$

$\qquad x \le 3 \Rightarrow L = \{0; 1; 2; 3\}$

c) $\frac{2x+5}{-3} < \frac{4-3x}{2}$ $\quad |\text{erw. HN} = -6$

$\frac{(2x+5)\cdot 2}{-6} < \frac{(4-3x)\cdot(-3)}{-6}$ $\quad |\cdot(-6)$

$4x + 10 > -12 + 9x$ $\quad |-10 - 9x$

$-5x > -22$ $\quad |:(-5)$

$x < \frac{22}{5} = 4{,}4$

$\Rightarrow L = \left\{x \in \mathbb{R} \,\middle|\, x < \frac{22}{5}\right\}$

d) $\frac{2x-1}{4} - \frac{4x+5}{12} > \frac{3x-2}{6} + 4$ $\quad |\text{erw. HN.} = 12$

$\frac{3\cdot(2x-1)}{12} - \frac{4x+5}{12} > \frac{2\cdot(3x-2)}{12} + \frac{4\cdot12}{12}$ $\quad |\cdot 12$

$3\cdot(2x-1) - (4x+5) > 2\cdot(3x-2) + 48$

$6x - 3 - 4x - 5 > 6x - 4 + 48$ $\quad |\text{zf.}$

$2x - 8 > 6x + 44$ $\quad |+8 - 6x$

$-4x > 52$ $\quad |:(-4)$

$x < -13 \Rightarrow L = \{\ \}$

Keine grafische Darstellung möglich.

Kapitel 9: Exponentialgleichungen

Seite 82 ❶ a) $x = 3$ b) $x = 4$ c) $x = 2$ d) $x = 4$ e) $x = 2$ f) $x = 6$

Seite 83 ❷ a) $2^{x+1} - 2^x = 4$

$2^x \cdot 2 - 2^x = 4$ $\quad |\text{zf.}$

$2^x = 4 = 2^2$

$x = 2$

b) $4^{x+1} = 64 + 3\cdot 4^x$

$4^x \cdot 4 = 64 + 3\cdot 4^x$ $\quad |-3\cdot 4^x$

$4^x = 64 = 4^3$

$x = 3$

c) $5\cdot(5^{x-1}) = \frac{2}{5} - 5^x$

$\cancel{5} \cdot \frac{5^x}{\cancel{5}} = \frac{2}{5} - 5^x$ $\quad |+5^x$

$2\cdot 5^x = \frac{2}{5}$ $\quad |:2$

$5^x = \frac{1}{5} = 5^{-1}$

$x = -1$

d) $3^{x+1} = 9\cdot 3^{-x}$

$3^{x+1} = 3^2 \cdot 3^{-x}$

$3^{x+1} = 3^{2-x}$

$x + 1 = 2 - x$ $\quad |+x - 1$

$2x = 1$

$x = 0{,}5$

Lösungen

Seite 83

e) $\quad 8^{2x} + 2^{6x+2} + 2^{6x+1} = 14$
$(2^3)^{2x} + 2^{6x} \cdot 2^2 + 2^{6x} \cdot 2 = 14$
$2^{6x} + 4 \cdot 2^{6x} + 2 \cdot 2^{6x} = 14$
$7 \cdot 2^{6x} = 14 \quad |:7$
$2^{6x} = 2 = 2^1$
$6x = 1$
$x = \frac{1}{6}$

f) $\quad 3^{4x} + 3^{4x+2} - 3^{4x+3} = -153$
$3^{4x} + 3^{4x} \cdot 3^2 - 3^{4x} \cdot 3^3 = -153$
$3^{4x} + 9 \cdot 3^{4x} - 27 \cdot 3^{4x} = -153$
$-17 \cdot 3^{4x} = -153 \quad |:(-17)$
$3^{4x} = 9 = 3^2$
$4x = 2$
$x = 0,5$

3 a) $x = \log_2 18$ b) $x = \log_9 17$ c) $x = \log_{0,5} 6$ d) $x = $ n. def.

Seite 84

4 a) $\log_2 8 = 3$ b) $\log_3 81 = 4$ c) $\log_7 7 = 1$
d) $\log_{15} 1 = 0$ e) $\log_4 \frac{1}{64} = -3$ f) $\log_{\frac{1}{3}} 27 = -3$

5 a) $\log_9 17 = \frac{\log 17}{\log 9} \approx 1,289$ b) $\log_3 12,5 = \frac{\log 12,5}{\log 3} \approx 2,299$

Seite 85

c) $\log_{1,8} 4,9 = \frac{\log 4,9}{\log 1,8} \approx 2,704$ d) $\log_{108} \sqrt{6} = \frac{\log \sqrt{6}}{\log 108} \approx 0,191$

6 a) $\quad 3,75^x = 7,5 \quad |\log_{3,75}$
$x = \log_{3,75} 7,5$
$x = \frac{\log 7,5}{\log 3,75} \approx 1,52$

b) $\quad 4,2^{2x} = 18 \quad |\log_{4,2}$
$2x = \log_{4,2} 18$
$2x = \frac{\log 18}{\log 4,2} \approx 2,01 \quad |:2$
$x \approx 1$

c) $\quad 1,45^{3x} - 19 = 0 \quad |+19$
$1,45^{3x} = 19 \quad |\log_{1,45}$
$3x = \log_{1,45} 19$
$3x = \frac{\log 19}{\log 1,45} \approx 7,92 \quad |:3$
$x \approx 2,64$

d) $\quad 4^{x-2} = 9 \quad |\log_4$
$x - 2 = \log_4 9$
$x - 2 = \frac{\log 9}{\log 4} \approx 1,58 \quad |+2$
$x \approx 3,58$

e) $\quad 2 - 3^{x+1} = -4 \quad |+4 + 3^{x+1}$
$6 = 3^{x+1} \quad |\log_3$
$\log_3 6 = x + 1$
$\frac{\log 6}{\log 3} = x + 1$
$1,63 \approx x + 1 \quad |-1$
$0,63 \approx x$

f) $\quad 2 \cdot 6^{3-2x} - 1 = 19 \quad |+1$
$2 \cdot 6^{3-2x} = 20 \quad |:2$
$6^{3-2x} = 10 \quad |\log_6$
$3 - 2x = \log_6 10$
$3 - 2x = \frac{\log 10}{\log 6} \approx 1,29 \quad |-3$
$-2x \approx -1,71 \quad |:(-2)$
$x \approx 0,855$

Fehler-Check

1 a) $x = 3$ b) $x = 2$ c) $x = 5$ d) $x = -4$

2 a) $x = \log_6 35$ b) $x = \log_7 13$ c) $x = \frac{\log_5 61}{3}$

3 a) $x = 3$ b) $x = 1$ c) $x = 7$ d) keine Lösung

4 a) $x = 0,5$ b) $x \approx 2,045$